이 웃 나 라
영 화 문 화

이웃나라 영화 문화

2024년 11월 28일 초판 1쇄 인쇄
2024년 12월 10일 초판 1쇄 발행

지은이 | 손현석
펴낸이 | 孫貞順

펴낸곳 | 도서출판 작가
　　　　(03756) 서울 서대문구 북아현로6길 50
　　　　전화 | 02)365-8111~2　팩스 | 02)365-8110
　　　　이메일 | cultura@cultura.co.kr
　　　　홈페이지 | www.cultura.co.kr
　　　　등록번호 | 제13-630호.(2000. 2. 9.)

편집 | 손희 김치성 설재원
디자인 | 오경은 박근영
영업 | 박영민
관리 | 이용승

ISBN 979-11-94366-12-6 93680

이웃나라 영화 문화

손현석 지음

JAPAN

작가

책머리에

2024년 가을이다. 어느새 가을. 현재의 순간을 인식할 때는 '어느새'라는 표현이 어김없이 따라붙는다. 특히 올해처럼 역대급 무더위를 막 겪고 난 직후의 이 가을은 더욱 느닷없이 다가온 계절 같아서 놀랍다. 곧 북쪽 한파가 내려온다 하니 짧아서 더욱 빛나는 가을이다.

　　　　길바닥에 누워있는 노란 은행잎들을 이리저리 피해가며 걷다가 문득 책을 엮고 싶다는 생각이 떠올랐다. 때가 되면 나뭇잎이 떨어지고, 인생도 때맞춰 떨어질 것이고, 그러니 지금까지 낙엽처럼 흩쳐둔 글들을 좀 모아두고 싶어졌다. 마침 할머니 한 분이 맞은편에서 은행잎을 쓸어모으고 계셨는데, 한쪽으로 차곡히 쌓인 모양새가 각도에 따라 제법 예쁘게도 보였다. 그래, 낱개가 아닌 여러 개가 빚어내는 새로움이 있겠구나 싶었다.

　　　　그와 동시에 그동안 써 두었던 글 가운데 그럭저럭 비중 있는 테마가 '일본'이란 생각도 떠올랐다. 다 모아서 엮으면 책 한 권 분량이 되려나? 밥도 적게 먹고 글도 소식하는 체질이라 긴 글을 한 편 써 보고자 하면 앓다시피 해 왔다. 아주 간신히, 기진맥진 써 온 터여서 책으로 묶이기에는 너무 창백하지 않냐는 가난한 마음이 자꾸만 든다. 하지만 왠지 이 가을은, 저 뒹구는 은행잎은, 나에게 한번 그냥 아무렇지도 않게 시도해 보라고 떠민다.

책은, 일관성이 있어야 하기에 일단 떠오른 그대로 일본에 관련된 글만 추려보기로 했다. 근데 나는 왜, 무슨 인연으로 이웃 나라 일본에 관한 글을 쓰기 시작했을까? 지나간 기억을 반추할 때면 무엇을 회상하건 간에 그 첫 단추는 그저 옷깃을 여미듯 사소하다. 어느 날 갑자기 일본을 떠올리면서 뭔가 좀 억울하다는 생각을 했던 것 같다. 그렇다, 일본이란 이웃 나라가 불현듯 나에게 개인적으로 억울한 감정을 들게 했다고 눈 크게 기억된다.

그때 나에게는 우리의 역사와 문화만큼 일본도 잘 알아야겠다는 의지가 생겼다. 나에게서 자발적인 생산 의지가 발생하는 것은 인생 전체를 놓고 봐도 몇 번 없는 일이다. 일상의 자잘한 일들에 거의 대다수 에너지를 소진하기에 그나마 심신의 상태가 좋은 틈새를 노려 글을 써야만 하는 험난한 인내가 요구될 것이다. 그렇게 긴 세월이 지나가야 했고 소득은 그다지 풍성하지 않았으나, 2024년의 가을은 이제 이대로 열매를 맺으라 속삭인다.

남 보기에 소박하고 나 또한 부끄럽지만, 이 책은 짧지 않은 세월 동안 틈새 공부를 쌓아온 결과물이다. 일본영화를 통해 일본의 정서에 가까이 다가서려 했고, 일본의 역사와 문화를 들여다보면서 뭔가 새롭게 관계를 설계하고자 꿈꾸기도 했다. 나는 비록 미약하나 이 책은 스스로 성장하리라 믿는다.

2024년 11월

저자 손현석

목 차

1부
일본 거장의 영화를
산책하다

〈드라이브 마이 카〉에 나타난 한국 관념

2021년 부산국제영화제에서 봉준호 감독의 사회로 하마구치 류스케 감독과의 대담이 진행되었다.[1] 거기서 말하길, 〈드라이브 마이 카〉(2021)의 주 무대로 자리하는 '히로시마'가 프리프로덕션 당시에는 '부산'이었다고 했다. 센텀시티에 있는 '영화의 전당'을 '연극의 전당'이라고 설정하여 연극제가 열리는 장소로 애초 구상했고, 안톤 체호프의 〈바냐 아저씨〉와 관련된 장면을 찍을 예정이었다. 코로나로 인해 부산 오는 것이 여의치 않아 우연히도 대안으로 히로시마(廣島)에서 찍게 되었다고 한다.

하마구치 류스케 감독은 전작 〈해피 아워〉(2015)를 찍었던 장소가 고베(神戸)였던 것도 우연이었다고 했다. 그런데 정작 영화 속의 그런 장소들이 이미 거대한 재난의 역사를 품고 있으므로 감독의 가벼운 해명과는 다르게 그 자체로 무언의 내러티브 작용을 하게 되어 있다. 애초의 의도가 아니더라도 공

간이건 뭐건 영화에 표현된 어떠한 장치에는 영화의 저변으로 내적인 의미가 부여되는 기호로서 작용하기 마련이다. 프리프로덕션 당시 구상했던 '부산'이 〈드라이브 마이 카〉의 맨 마지막 장면에서 '한국'의 흔한 장소로 환치되어 보이는데, 주인공 가후쿠 소유의 빨간색 '마이 카'가 한국에 와 있어서 주목하지 않을 수 없다.

1. 정서의 흐름은 한국에서 일본으로

"봉투 50원인데 드릴까요?" "아뇨, 괜찮아요."

"포인트 적립해 드릴까요?" "아니요."

영화의 마지막 장면에서 들린 대사는 마트에서 일하시는 여성분과 와타리 미사키가 나눈 위의 관례적인 두 마디가 전부이다. 장소는 한국이고 대화를 나누는 두 사람은 한국인과 일본인이다. 미사키는 한국어로 말한다. 그다음 밖으로 나와 주차장에서 왼쪽으로부터 오른쪽 방향으로 걸어가는 미사키를 나란히 움직이는 트래킹 샷으로 보여준다. 메가마트 간판이 카메라에 온전히 들어온 지점에서 트래킹이 멈출 때 문제의 그 '빨간 차'가 정차해 있다. 차 번호는 '25루 6465'이고 차 안에는 개가 타고 있다. 이 개는 히로시마 연극제의 문예 감독 공윤수와 소냐 역 수화(手話) 배우였던 한국인 이유나 부부네 집에 있던 반려견이다. 무슨 연유로 이 개가 미사키와 같이 있는지 아무런 설명이 없이 '빨간 차'는 출발한다. 가후쿠가 몰던 차는 '多摩503, つ39-82'였는데 번호판이 한국식으로 바뀐 점으로 미루어 미사키가 한국에 아예 들어온 것 같다. 그

정도만 짐작하게 하고서는 4차선 도로에 진입한 채 영화가 서둘러 끝나버린다.

　　미사키가 메가마트 주차장에서 '빨간 차'를 향해 걸어오던 방향을 주시하자면, 앞서 언급한 것처럼 왼쪽에서 오른쪽으로 이 동선은 건물의 입구와 어긋난다. 트래킹 샷이 시작될 때 메가마트 건물의 우측 벽이 보이면서 점점 정문 쪽으로 확대되기 때문에 미사키가 메가마트를 나와 어디를 들렸다가 다시 돌아오지 않는다면 이런 동선이 성립할 수 없다. 메가마트 건물 반대편으로는 카메라가 시선을 주지 않기 때문에 무엇이 있는지 알 수 없으나, 그렇더라도 오른쪽 어깨와 왼쪽 손에 한가득 짐을 메고 들고 한 상태로 비어 있는 것 같은 공간에서 건물 쪽으로 향하는 이유가 무엇일까? 간단한 답은, 그냥 차를 타러 가는 중이다. 그 이상 굳이 따지지 않아도 된다.

　　그런데 한 번 더, 미사키의 반대편으로 스쳐 지나가던 한 여자가 흰색 현대차의 조수석 쪽에서 걸어오다가 리모콘 키로 문을 닫고서는 미사키의 트래킹 샷이 출발했던 방향으로 걸어간다. 그 사람은 왜 운전석에서 나오지 않았으며 도대체 어디로 가는 것일까? 메가마트 건물은 그녀의 뒤편에 있는데 장을 보러 온 목적이 아니라면 무척 이상하다. 미사키가 일본에서 한국으로 온 것을 표현하기 위해 건물이 있는지 없는지도 모르는 오른쪽 공간을 설정해 놓은 것이라면 우선 지리상으로 한국과 일본의 위치가 떠오른다. 미사키는 한국으로 왔고 한국 여자는 일본 방향으로 간다. 일면식도 없는 두 사람의 교차이지만 한국과 일본 간의 왕래가 이루어지고 있다. 미사키가 시동을 건 차는 우회전으로 메가마트를 빠져나가서 컷이 바뀌자 좌측으로 향하는 직선 도로를 달린다. 그쪽은 일본으로 향하는 방향이다.

　　차를 운전하면서 미사키가 마스크를 벗자 뒷좌석에 있던 반려견이

조수석으로 건너온다. 개의 목을 한번 만지고 엷은 미소를 짓는 미사키의 정면
샷이 〈드라이브 마이 카〉의 마지막 컷이다. 그녀의 엷은 미소는 영화 내내 상
당히 보기가 드문데, 그렇기에 이 마지막 컷은 의미심장한 장면이다. 가후쿠가
한국인 부부 집에 초대되어 운전수인 미사키도 같이 밥 먹자고 했을 때, 식사
도중 공윤수가 "매운 거 괜찮아요?"라고 미사키에게 시선을 주자 "하이, 오이시
이데스."라며 얼굴을 살짝 편다. 곧바로 음식을 준비한 이유나가 엄지를 들고,
미사키도 따라서 엄지를 들며 온화한 표정을 짓는다. 이 식사 장면은 영화 전
체를 놓고 볼 때 가장 행복한 순간이다. 초대받은 두 사람에게서 그 전에 알 수
없었던 분위기로 힐링을 받는다는 느낌이 물씬 풍긴다. 힐링을 선사하는 한국
인과 힐링을 받는 일본인이란 설정이다. 가후쿠와 미사키의 개인적인 삶과 그
사연은 이 영화의 두 줄기 산맥으로 과거 어느 시점으로부터 지금까지 말할 수
없이 불편한 마음을 동여매고 있었다. 미사키가 평범하게 살아가는 이 세상의
흔한 타인들과 같은 일상의 표정을 보이는 순간, 즉 이 영화가 불행이라는 팽
팽한 긴장을 잠시 풀어버린 결정적인 매개체는 다름 아닌 한국과 관련되어 있
었다. 한국은 주었고 일본이 받은 것이다.

2. 소냐가 된 이유나의 창조적인 역할

　　　한국 가정을 가장 따뜻한 공간으로 그려, 상처 입은 두 일본인이 이
곳에서 치유 된다는 설정은 확실히 하마구치 류스케 감독의 창작이다. 알려
진 대로 〈드라이브 마이 카〉는 무라카미 하루키 소설이 원작이다. 단편 소설집

『여자 없는 남자』의 첫 번째 작품인 「드라이브 마이 카」에 등장하는 캐릭터들의 뼈대를 이룬다. 연극배우인 주인공 가후쿠와 그의 아내 오토, 그녀의 연인 다카쓰키, 그리고 운전수 미사키, 바로 이들이 원작에 등장하는 중심인물이다. 한국인은 찾아볼 수 없고 한국 가정은 물론 반려견도 없다. 같은 책의 다른 단편인 「셰에라자드」에서의 칠성장어와 「기노」에서의 불륜 현장 목도는 있지만 '한국'은 없다. 또한 안톤 체호프의 〈바냐 아저씨〉에 대한 언급은 있으나 그 대사를 직접 가져다 쓴 대목은 〈드라이브 마이 카〉의 어디에도 없다. 그런데 영화에서는 버젓이 가장 결정적인 역할의 담당자로 한국인이 등장할 뿐만 아니라 〈바냐 아저씨〉의 대사를 적극적으로 가져다 쓴다. 원작의 뼈대에 감독이 살을 붙인 캐릭터이자 영화 속의 영화인 것이다. 특히 이유나는 말을 못 하는 배우로 설정되어 있어서 영화 속 연출자인 가후쿠를 놀라게 할 뿐만 아니라 영화 전반에 걸쳐 집중력을 모으는 에너지 그 자체의 역할을 이끈다. 이유나가 〈바냐 아저씨〉 오디션에 참가했을 때 공윤수는, 그녀가 아내라는 사실을 알리지 않고 수화 통역만 묵묵히 담당한다. 이유나가 소냐로 등장하여 말한 첫 수화는 이 영화의 주제와 맞닿아 있어서 존재감을 압도적으로 만든다.

"아저씨, 모르핀 가져갔어요? 돌려주세요. 왜 자꾸 우릴 놀라게 해요! 돌려주세요, 아저씨. 아저씨 못지않게 저도 불행해요. 그렇지만 절망하지 않잖아요. 제 삶이 자연스럽게 끝날 때까지 참을 거예요. 그러니까 아저씨도 자기 인생을 참고 견뎌요. 하나뿐인 소중한 아저씨. 부탁이에요. 돌려주세요. 우리를 가엾이 여겨 이 슬픔을 참고 견뎌요." 체호프의 〈바냐 아저씨〉에서 보면 이 장면에서 소냐가 "어쩌면 제가 더 불행할지도 몰라요. 하지만 저는 절망하지 않아요. 저는 참고 있고, 제 목숨이 스스로 다하는 그때까지 참을 거예요"

라며 어조가 단호하므로[2] 이런 정도의 톤이라면 목소리가 다부지고 딴딴한 배우가 캐스팅되어야 합당할 것 같다. 그런데 말을 못 하는 여배우라니, 말을 하지 않고 어떻게 기세를 펼쳐낼 수 있을지 걱정스럽지만 단번에 전세가 역전되어 수화 배우의 엄청난 정서적 작용력을 알아차리게 된다.

　　소녀가 된 이유나는 극 중 엘레나를 보듬고 바냐를 달랜다. '난 정말 불행한 여자야'라며 쓸쓸한 표정의 엘레나에게 나뭇잎을 건네며 뒤에서 안아주고, '지금 이 순간에도 나이 든 후에도 다른 사람을 위해서 일하도록 해요'라고 말하며 절망한 바냐를 뒤에서 바싹 껴안는다. 뒤에서 포옹하는 연출로 인해 소녀의 수화는 바냐의 것이 된다. 듣는 말이 내면으로 들어와 자신의 속마음으로 되는 것처럼 보인다. 엘레나의 역을 맡은 극 중 제니스 창은 중국인이다. 둘의 연기는 중국어와 수화의 대화로 진행된다. 수화는 어느 나라 말이건 자연스럽게 짝으로 붙을 수 있으므로 그 순간에는 중국어가 된다. 하마구치 류스케 감독이 왜 말을 할 수 없는 한국인 소녀를 통해 중국인과 일본인을 위로하려고 하는 것인지 직접 언급한 바가 없다. 그리고 왜 러시아인 소녀의 말을 굳이 한국 수화로 전달하려고 하는 것인지에 대해서도 역시 아무 언급이 없으므로 알 수가 없다. 그러나 원작에도 없고 다른 작품에도 그 캐릭터가 전혀 없는 이유나는 체호프가 빚어낸 소녀의 입을 빌려 상처받은 사람들 모두를 창조적으로 위로하고 있다.

2　안톤 체호프,『바냐 아저씨』, 장한 옮김, 더 클래식, 2014, p.70.

3. 운전대가 왼쪽에 있어서 지나칠 수 없는 것

원작 소설에 표현된 'My Car'의 묘사는 이렇다. '노란색 샤브 900 컨스터블, 12년째 몰고 있고 주행거리 십만 킬로 넘음. 내비게이션 없고 수동 기어와 개폐식 지붕임. 출시 때 8트랙이었으나 지금은 일반형인 카세트테이프 플레이어가 부착되어 있음'. 출시 당시 스웨덴 차들이 튼튼하게 나왔고 전기 계통에 신경을 써야 하지만 기본 메커니즘에는 아무 문제가 없다는[3] 카센터 사장의 설명도 곁들여져 있다. 그런데 운전대가 왼쪽에 있다는 말은 없다. 즉 무라카미 하루키의 'My Car'는 일본에서 운행하는 조건에 맞춘 수입차이다. 하마구치 류스케 감독이 원작의 핸들 위치를 대륙형으로 바꿔버린 이유가 무엇일까? 일본의 도로 표지에 따라 운전을 할 때 상당히 위험할 왼쪽 운전대인데, 굳이 그런 모험을 감행할 이유가 영화의 주된 스토리 상 어디에서도 찾을 수 없다. 딱 한 군데, 마지막 장면에서 부산 같은 한국으로 미사키가 와 있게 되는 설정 그 짧은 순간뿐이다.

근데 이렇게 한국에 한 번 들리기 위해 영화 내내 왼쪽 운전대를 사용하고 있는 불합리를 감수하는 그 노력에는 숨겨진 이유가 있지 않을까 싶다. 이런 궁금증을 단번에 불식시키기라도 하는 듯 감독은 자동차 선택이 그저 우연에 의한 것이었음을 강조한다. 앞서 언급한 봉준호 감독과의 대화에서 '히로시마'라는 장소가 우연히 정해졌듯이 이 영화에서 가장 중요한 소품인 자동차 또한 우연히 결정되었다. 차량 섭외를 담당한 회사의 직원이 타고 온 차였고 원

---

3 무라카미 하루키, 「드라이브 마이 카」, 『여자 없는 남자들』, 양윤옥 옮김, 문학동네, 2014, p.15.

작 소설에서처럼 사브였기에 보자마자 마음에 들어서 영화에 사용하기로 결정
했고, 빨간색이었지만 원작의 노란색보다 자연색인 초록과 잘 어울릴 것으로
생각했다고 한다.[4] 달리는 자동차를 부감으로 주변 경관과 함께 찍을 일이 꽤
생길 것이니 우연히 발견한 빨간색 사브가 영화에 톡톡히 한 몫을 담당하게 된
셈이다.

　　　〈드라이브 마이 카〉와 거의 동시에 프로덕션을 진행했던 영화가
〈우연과 상상〉(2022)인데 여기서 감독은 영화의 제목에다 보란 듯이 '우연'이
란 단어를 사용했다. 우연 철학이라 불러도 좋을 만큼 인생의 우연에 기대는
비중이 크다. 하지만 여기서도 제작 과정의 에피소드가 아닌 영화적 의미망으
로서의 소품을 생각해 보아야 한다. 이러한 우연의 선택마저 무의식적인 선호
현상이라 칭할 수는 없겠지만, 영화 속에서 어떤 활약을 하는 소품이 되어버렸
기에 무의식의 경계선에 근접시켜 해석할 필요는 있다. 왼쪽 핸들 사브는 일본
땅에서 운전할 목적으로 출시된 제품이 아니다. 이는 우연을 가장한 진실 덮기
처럼 보인다. 거래처 직원의 차가 단지 사브이기 때문에 캐스팅한 것이 아니라
왼쪽 핸들이기 때문에 반가웠던 것일 수도 있다. 애당초 촬영지를 부산으로 생
각하고 있었기에 정확하게 감독의 기대에 부응하는 왼쪽 핸들 사브였다고 판단
된다. 게다가 이 빨간색 사브가 히로시마를 달리고 있다는 점이 의미심장하다.

---

4 https://www.youtube.com/watch?v=t8wktliGduQ&t=5923s, 하마구치 류스케 감독 스페셜 대담.

4. 히로시마를 생각하는 이유는 당연하게도

가후쿠가 미사키에게 히로시마에서 좋아하는 곳에 가 달라고 했을 때, 미사키는 쓰레기 소각장으로 간다. 그곳에서 분쇄되는 쓰레기를 보며 그것이 흩날리는 눈처럼 보인다고 했다. "눈처럼 보이지 않나요?" "이쪽으로 쭉 가면 평화공원입니다." "원폭 돔과 위령비를 잇는 선은 '평화의 축선'이라 불립니다. 이 공장을 지은 건축가는 그 선을 가리지 않고 바다 건너까지 연결되도록 이렇게 트이게 했대요" 미사키의 사연과 히로시마가 연결되는 장면이다.

홋카이도 가미주니타키초(上十二瀧町) 출신인 그녀는 눈이 그립다. 5년 전 폭우로 산사태가 일어나 집이 토사에 묻혀 어머니가 돌아가셨다. 그와 유사하게 가후쿠는 지주막하출혈로 갑자기 쓰러져 죽은 아내 오토(音)를 음성을 차 안에서 카세트로 듣고 있다. 가까운 사람의 죽음으로 얼굴을 펼 날이 없는 공통점을 지닌 두 사람이 히로시마 원폭 희생자들의 영혼 속에서 멈추어 있다. 히로시마는 한국과 중국을 비롯한 주변국들과의 관계성에 무관하지 않은 장소로서 앞으로도 내내 원혼의 아픔을 달래야 하는 깊은 상처의 대표성을 가지므로 두 사람의 상처가 봉합되기에 가장 적합하다. 그렇지만 가후쿠와 미사키는 스스로 자가 치유를 할 수가 없는 상태이다. 즉 일본이 그렇다는 뜻이다. 공윤수가 설명하는 히로시마 연극제 오디션 지원 명단을 보면 한국, 중국, 대만, 홍콩, 필리핀 등 일본 제국의 세력권과 무관하지 않다. 그들을 하나로 묶고 있는 연극 대본은 러시아인 안톤 체호프의 〈바냐 아저씨〉로 제국 역사의 회의장 같다.

'존 카사베티스의 시간과 공간'이라는 제목의 학부 졸업논문을 쓰고 촬영 현장으로 갔던 하마구치 류스케는 구로사와 기요시가 교수진의 일원이

었던 도쿄예술대학교 영상연구과 대학원으로 돌아와 공부했고[5] 그 대학원 2년
동안 구로사와 기요시 감독의 강의를 통해서 영화에 대한 생각이 바뀐다. 그리
고 기요시와 〈스파이의 아내〉의 시나리오 작업에 참여한다. 일본 제국을 향해
전쟁 범죄 비판을 시도했던 그가 〈드라이브 마이 카〉에서 히로시마로 향한 마
음은 당연한 행보로 보인다. 그 길의 가운데에서 한국인이 위로자로서의 중심
역할을 하는 것이다.

　　　카세트에 녹음된 오토의 음성은 〈바냐 아저씨〉 대사이지만 영화의
내면을 함축하고 있다.

　　　"나중에 전부 진실을 말해 주겠지요?"

　　　"그야 물론이지."

　　　"내 생각엔 진실이라는 것은, 어떤 것이든지 그렇게 두렵진 않다. 가
장 두려운 것은 그걸 모르고 있는 것이다."

참고문헌

가라타니 고진, 『일본정신의 기원』, 송태욱 옮김, 이매진, 2003
무라카미 하루키, 『여자 없는 남자들』, 양윤옥 옮김, 문학동네, 2014
미나미 히로시, 『일본적 자아』, 서정완 옮김, 소화, 2015
안톤 체호프, 『바냐 아저씨』, 장 한 옮김, 더클래식, 2014

《씨네 21》하마구치 류스케 감독 인터뷰,
http://www.cine21.com/news/view/?idx=0&mag_id=99389&utm_source=dable

2021 부산국제영화제, 봉준호 감독과 하마구치 류스케 감독의 스페셜 대담,
https://www.youtube.com/watch?v=t8wktliGduQ&t=5923s

5　https://www.youtube.com/watch?v=t8wktliGduQ&t=5923s, 하마구치 류스케 감독 스페셜 대담.

『라플라스의 마녀』 영화화에 따른 장면 선택의 요인

1. 스크린의 다른 언어 체계

영화를 예술의 한 형태로 봐 줄 수 있다면 그것은 영화의 시각성이 촉발하는 정서적 감흥에서 비롯되는 것이다. 1826년 니엡스가 8시간의 노출 성공으로 담아낸 한 장의 사진이 1895년 뤼미에르 형제의 움직이는 영상으로 발전하기까지는 19세기의 위대한 과학 문명이 배후에서 폭발하고 있었다. 즉 영화는 인류 역사에서 가장 빛나는 첨단 과학을 모태로 태어난 예술이다. 그 재료는 현실을 있는 그대로 재생하여 보여줄 수 있는 시각 현상이다. 놀랍게도 영화는 탄생과 더불어 곧바로 성숙해져 버린 생명체처럼 신화와 흡사한 존재감을 드러내며 이전의 그 어떤 예술 형태에서도 발견할 수 없었던 위력으로 사람들에게 파고든다.

외부 정보의 수용을 대부분 시각에 의존하는 인간의 감각 특성상 영화가 급격하게 성장한 것은 일견 당연해 보이기도 했다. 1927년 앨런 크로슬

랜드 감독의 〈재즈 싱어〉에서 시작된 토키가 보다 완벽한 현실 구현에 공을 세우긴 했으나 영화 발생 시점의 근본은 사실상 흔들리지 않았다. 영화의 태생에 근거한 밑바탕에는 부동의 자세로 시각성이 자리하고 있기에 이후로도 영화에서는 '무엇이 보이는가?'라는 영상 언어를 기반으로 독해가 허용되었다. 이러한 전체를 염두에 두고 히가시노 게이고의 소설을 읽으면 그의 활자는 영상 언어로 변모할 수 있는 여지가 다분하다.

2. 히가시노 게이고 문장(文章)의 시각성

1985년 『방과 후』로 제31회 에도가와 란포상을 수상하며 작가로 데뷔한 히가시노 게이고(東野 圭吾)는 그 이후 써내는 작품마다 TV 드라마나 영화로 각색되어 영상 매체의 세계에서도 열렬한 각광을 받게 된다. 그의 소설은 일본뿐만 아니라 중국이나 한국에서도 자국의 상황으로 변용되어 영화로 제작될 만큼 글로벌 팬층이 넓다. 소설 창작으로 시각 매체 중심의 오늘날의 영상문화를 선도하는 그러한 입지를 구축하게 된 것이다. 그 이유는 히가시노 게이고의 문장 구성력에 있다. 소설임에도 극작의 핵심에 해당하는 등장인물의 성격이 시종 뚜렷하고 그들 행동의 동선에 대한 묘사가 속도감을 가지고 있어 글을 읽으면서도 눈앞에 스크린이 떠오르는 경험을 하게 된다. 특히 그의 문장 구성 방식은 장면의 시각화에 적합한 작법으로 촘촘하게 연결하여 인물들 간의 갈등을 조직하는 데 탁월한 면을 보인다. 그리고 상황 추가나 반전 시 보여주는 호기심 증폭 장치가 독특하다. 장면이 바뀔 때마다 새로운 국면이 펼쳐지도록 앞뒤 문장 사이에 걸쇠를 걸어 뒤가 안 보이는 상태에서 간단하게 분위기를 바꾸며 다음 장의 문을 여는 방식이다. 짐작하지 못했던 단서가 앞 장면의 끄트머리에 이르러 빗장이 풀리도록 배치된다. 예측 밖의 인물이 튀어나와 사건의 향방이 꺾이기도 한다.

　　　소설이 영화 대본의 원천 자료가 되는 경우는 영화사를 통해 자주 보아온 현상이나 히가시노 게이고의 작품이 특히 매력적인 부분은 머릿속 장면 구성의 시각화를 명료하게 제공하는 문장 구성력과 더불어 인물과 사건의 블록 쌓기 방식에 의한 플롯 조직을 통해 개별 장면들의 순서, 즉 영화 용어로 말하자면 신(scene)들 간의 시간적인 배치가 성공적으로 작용하고 있다는 점이다. 첫 신을 보고 나면 그 다음 신을 안 볼 수 없도록 자극하는 편집의 순서 배열 감각이야말로 영화 흥행의 성공 요인인데, 히가시고 게이고 소설의 문장은 독자의 연상작용에 적극적으로 개입하여 자율 편집 감각을 활성화하는 데 성공하고 있다. 범죄 수사물 같은 추리극에서는 범인을 잡기 위해 설정된 형식 그 자체가 흥미를 유발한다지만, 평범한 일상을 다루는 이야기에서조차 긴장과 호기심을 유발하는 능력은 명백히 작가적 역량이다. 예를 들어『인어가 잠든 집』(2015)은 뇌사 상태에 빠진 여자아이의 치료에 관한 이야기가 거의 전부인데도 그 아이가 어느 순간 벌떡 일어나 엄마를 부를 것 같은 모습을 시종 연상하게 만든다.『녹나무의 파수꾼』(2020)에서도 거대하고 신령스러운 녹나무 밑동의 움푹 들어간 내부와 그 속에서 기원을 행하는 사람들의 모습이 눈에 잡힐 듯 선명하게 묘사되어, 개체로서의 운명에 대한 성찰과 타 생명으로의 감정이입에 시각적인 장치로 활용되는 소도구적 효과가 단단히 한몫을 하고 있다.

　　　한국에서 영화로 제작된『백야행』(1999),『방황하는 칼날』(2004),『용의자 X의 헌신』(2005)은 국적을 초월하는 시각 언어의 힘을 보여준다. 소설이 머릿속 연상 단계를 벗어나 스크린을 향한 시각화의 충동을 억제하기 어려울 정도로 작동하고 있는 것이다. 소설 속 특정 지역의 문화는 국지적인 현상에서 벗어나 자연스러울 정도로 강력한 수용력을 유도하여 확산된다. 영국의 〈해리 포터 시리즈〉가 열렬한 시각화의 요구를 십분 수용하여 거대한 영화산업을 일구었던 전례를 보아 알 수 있듯이 시각적 묘사와 구성에 성공한 소설은 디지털 영상으로 열리는 미래 사회의 중추가 될 수도 있다.

현재의 관점으로는, 일본의 히가시노 게이고 소설들이 영국의 '해리포터'가 달성한 아성을 충분히 흔들어 가라타니 고진이 언급했던 '세계공화국' 속에서 미래 세계의 텍스트로 부상할 가능성이 충분하다. 이런 맥락에서 볼 때, 그의 작품 중 일상에 토대를 둔 소소한 이야기를 벗어나 미래적으로 한 걸음 나아가 있는 『라플라스의 마녀』(2016)는 그러한 가능성을 내포하고 있는 작품이다. 해리포터가 단번에 달성한 '거대 허구'는 아니지만, 미래 세계의 현실을 앞당겨 실현하고 있는 '적당한 현실성'이 단계적으로 성장 가능성을 연다. 주인공 우하라 마도카는 속편 격인 『마력의 태동』(2018)에 이르러 그녀가 어떠한 사회적 마인드를 소유한 인물인지 명확하게 전달해 준다. 뇌 과학의 혁신이 성취한 미래의 새로운 영웅이 되기에 적합하다고 스스로 낙점을 찍는 모습이다. 2002년 작 『도키오(한글판 제목은 '아들 도키오')』가 타임슬립이라는 SF적 배경을 전격 깔고 있으면서도 드라마 중심의 아날로그 감성에 충실하였다면 『라플라스의 마녀』에 제시된 의도는 타임슬립이 배제된 선형 시간의 환경 내에서 도전적으로 SF적 상상력을 펼치려는 이야기 발상의 단면적 확장이다.

1998년작 『비밀』에서 빙의를 이야기 소재로 선택했던 바가 있듯이 히가시노 게이고의 상상력은 때로 자연계의 공간축조차 벗어나기도 한다. 한국에서 장기 흥행 기록을 달성하고 있는 『나미야 잡화점의 기적』(2012)은 그간 차용했던 시간과 공간의 자유 연상법이 빚어낸 다양한 실험의 결과물이다. 이 소설 역시 영화화되어 독자를 관객으로 재수용하였다. 히가시노 게이고는 이미 달성한 성과를 보더라도 문학계가 아닌 영화계의 큰손인 셈이다. 그 정도로 스크린에 투사되고자 하는 시각적 욕망이 가득한 소설들이 그의 손에서 탄생하고 있는 것이다.

3. 미이케 다카시(三池崇史)의 장면 선택 요인

현행 할리우드 영화산업이 과거의 만화 세계를 발판으로 대중을 휩쓰는 가공할 도약에 성공한 오늘날의 세계적인 현상에서 다시 한번 확인할 수 있는 것은 단연 영화의 원천적인 시각성이다. 재현에 무게를 두는 만큼 실제와의 차이가 나면 날수록 실감을 상실하게 된다. 실제와의 정확한 일치 여부가 작품의 수준을 결정짓는다. 장면 재현의 실감 기준은 몸의 감각으로 느끼는 바로 이 세상, 즉 보이는 현실이다. 눈의 감각에 함량이 미달된다면 리얼리티를 상실한다. 시각성이 모태인 영화는, 그래서 아주 사소한 실수로도 리얼리티를 잃게 될 수 있다.

『라플라스의 마녀』는 히가시노 게이고의 소설 목록에서 시각적인 이미지가 톱클래스 수준이다. 『환야』(2004)나 『뻐꾸기 알을 누구의 것인가』

(2010)처럼 TV 드라마 시리즈로도 성공할 수 있는 요소를 갖추고 있다. 이야기의 전개가 매 순간 어떤 예측을 요구하기 때문에 위기의 순간 다음 회차로 넘기는 장기 드라마 형태가 적합하다. 특정 인물의 강한 의지와 그를 둘러싼 다른 인물들 사이의 갈등 관계만 놓고 보더라도 고대 그리스의 비극이 달성한 효과에 버금가는 드라마투르기의 매력도 풍긴다. 그와 더불어 미래 감각인 첨단 시각성의 질감 또한 문장 속에 내포하고 있으므로 여러모로 디지털 영상 매체의 무대로 재탄생할 가능성이 높았던 작품이다. 그래서 이 소설이 영화화되기 위한 조건은 앞서 언급한 대로 시각적 구현의 리얼리티에 흠집이 있느냐 없느냐는 그것이었다. 영화화는 미이케 다카시 감독에게 권한이 주어졌다. 감독 경력에서 자기 취향이 보이지 않을 정도로 다양한 스타일의 영화를 만들어 온 미이케 다카시였으므로 이 작품으로 일본영화의 미래주의를 개척할 수 있지 않을까 기대를 갖게 했다.

　　　　10부작 정도의 TV물로 만들면 적당할 분량이라 두 시간 내로 상영해야 하는 영화로 각색하기가 결코 쉽지 않다. 영화로 만들기 위한 장면화의 선택에는 이 소설의 어떤 내용을 빼야 할 것인가가 관건이다. 감독은 아자부기타 경찰서의 나카오카 유지 형사가 탐문 수사를 벌인 내용을 대다수 삭제했다. 심지어 전체를 통틀어 가장 중요한 탐문인 우하라 젠타로 박사와의 첫 만남을 없애버렸다. 나카오카 형사의 동선은 소설 속에서 커다란 하나의 축인데 바퀴를 하나 빼버려도 괜찮다고 판단한 모양이다. 그러니까 이야기의 절반을 축소시켜도 될 만큼 더 중요한 영화적인 요소가 포착되었다는 뜻이겠다. 감독의 그간 필모를 통해 쌓인 신뢰를 바탕으로 버리는 것만큼 뭔가 더 나은 다른 채움을 기대하도록 만든다. 나카오카의 축소와 더불어 한 인물이 극대화되고 있는

데, 그는 바로 아오에 슈스케 교수이다. 지구화학전공으로 다이호 대학에서 환경 분석화학을 가르치고 있다. 소설에서 아오에 교수는 여섯 번째 챕터에 이르러서야 아카쿠마 온천의 황화수소 중독 사고의 현장 감식 의뢰를 받아 등장한다. 하지만 영화에서 감독은 처음부터 아오에 교수를 등장시킨다. 다시 말해 영화에서는 다섯 번째 챕터까지의 인물들에 주목하지 않는 것이다. 다만 소설의 프롤로그에서 토네이도로 인해 마도카가 엄마를 잃는 장면은 CG를 사용하여 리얼리티를 구현하려 부단히 애쓰고 있다.

　　　　아사히카와(旭川) 공항은 홋카이도(北海道) 정중앙에 위치한다. 비행기가 공항에 내릴 때 기류의 상태가 좋지 않았다. 마도카의 외갓집은 공항에서 승용차로 세 시간 남짓 떨어진 거리에 있다. 2006년 11월 7일 도쿄발 기사를 보면 홋카이도 동북쪽 엔가루(遠輕)에 토네이도가 발생하여 최소 9명이 숨지고 20명 이상 다쳤다. 실제 사건과 소설의 착상이 연결된다고 추리할 수 있는 지점이다. 시각적 표현에 목적을 둔 소설의 영화화는 실제 사건의 복원인 셈이다. 마도카의 도착 시 할아버지는 장례식장에서 술을 드셨다. 음주 운전할 수 없어서 3km 떨어진 거리를 엄마가 자전거로 모시러 간다. 마도카가 굳이 따라붙어 자전거 뒷자리에 앉아 엄마의 허리를 껴안는다. 그때 갑자기 토네이도가 모녀를 쫓아온다. 황급히 인근 창고 같은 건물에 뛰어들었으나 곧이어 덮친 토네이도에 벽이 무너져 엄마는 그만 깔려 죽고 말았다. 영화에서는 〈오즈의 마법사〉(1939)처럼 토네이도가 엄마를 휩쓸어 공중에 날렸다. 어느 쪽이 시각적 감흥에 근접한 방식일지에 대해 영화는 그 역사 속의 데이터로 힌트를 준다. 감독은 참신한 문장과 익숙한 문장이 서로 뒤섞인 교집합 영역에서 창의적인 표현의 테두리가 구축된다고 판단했을 수 있다. 영화에서는 이미 한번 본 적이 있는 익숙한 장면을 오마주하는 행위가 미덕으로 보이기도 한다. 붙잡은 마도카의 손을 안간힘으로 버티다 그만 놓치고 마는 엄마의 손이 카메라 프레임 안에서 극적으로 부각된다. 이는 절벽에서 미끄러져 한 사람이 떨어질 때 다른 사람이 손을 잡는 행위와 유사한 극적인 순간의 표현 양식이다. 영화의 세계에서 관습으로 굳어진 장면이기도 하다. 마도카의 악몽은 이후로도 줄곧 이 장면에 반복적으로 사로잡힌다.

　　　프롤로그에서의 이토록 팽팽한 긴장감은 맨 마지막으로 달려가 복수심에 불타는 겐토가 아버지인 영화감독 아카마스 사이세이와 만나는 장면에 이르러서야 다시 느낄 수 있다. 〈폐허의 종〉이라는 아카마스 감독의 마지막 영화에서 로케이션으로 쓰인 낡은 건물이다. 겐토는 다운버스트를 예측하는 능력을 갖고 있었다. 황화수소 중독으로 입원했을 때 우하라 젠타로 박사에게서 뇌수술을 받고 생겨난 능력이다. 예측 능력이 대두된 놀라움이다. 같은 뇌 부위에 유전자 조작을 수행한 암세포를 이식하고 전극을 심어 전기 충격을 가하면 누구나 같은 능력의 소지자가 될 수 있다. 이런 세상의 도래를 기대하게 되지만, 사고로 입원한 환자가 아닌 다음에야 멀쩡한 사람이 자칫 불구가 될지도 모르는 이 수술을 받을 리 없다. 이때 부작용 우려에도 불구하고 마도카가 똑같은 수술을 받겠다고 자원했다. 소설 속에서 겐토는 수술 이후 이 기적 같은 능력 소유자로서 연구의 대상이 된다. 그는 미래를 예언하는 것이 아니라 모든 물리적인 운동의 결과를 예측할 수 있는데 유독 뇌우, 토네이도, 다운버스트 같은 급격한 국지적 기상 현상에 대해서는 아직 정확히 모른다. 그는 생명의 은인인 박사의 딸을 향해 마음을 열고 속내를 여는데, 복잡한 예측에 대해 "나 혼자서는 너무 힘에 부쳐. 동료가 필요해."라고 말한다. 이에 결정적으로 마도카가 움직인다. 하지만 영화는 둘 사이의 로맨스 라인을 따라 흘러간다.

　　　이 영화를 미래형 첨단 과학의 세계로 인도하는 주요 포인트가 바로 이처럼 평범했던 겐토에게 수술 후 생긴 엄청난 변화 때문이다. 마침내 건물을 통째로 날려버릴 다운버스트 돌풍을 예측한 겐토는 전에 아카쿠마 온천에서 황화수소로 남편을 잃은 미즈키 치사토를 이용하여 아버지를 그 장소로 데려온다. 미이케 다카시 감독은 소설 전반부 주요 사건의 핵심 인물이었던 치사토의 행적에 대해서는 일절 관심이 없다. 영화화의 선택 선상에서 최초의 사건이 배제되어 의아하게 굴러가는 스토리가 된다. 겐토와 치사토의 사적인 관계야말로 이 소설을 지탱하는 틀인데도 아예 다루지 않는다. 치사토 외에 마도카의 보디가드인 다케오 도오루와 그를 가이메이 대학 수리학 연구소에 데려온 기리이먀 레이 같은 주요 인물들 또한 지나온 행적 없이 처리되었다. 즉 배우는 등장하는데 그 캐릭터가 뭣하는 사람인지를 모르게 연출되고 있다. 그렇다면 감독에게 『라플라스의 마녀』는 오직 CG로 승부를 걸고 싶은 프롤로그의 토네이도와 클라이맥스의 다운버스트, 그리고 예측대로 움직이는 물체들의 시각화뿐인 것이다. 연기가 구렁이처럼 모여 흐르고 종이비행기가 말한 대로 착륙하고 돌풍에 사람을 날아가고 돌풍에 자동차를 날려 건물 지붕에 구멍을 뚫고 싶은 그 시각화 업무에 매료된 것으로 보아야 한다. 물체의 운동 결과가 예측하는 대로 나타나게 하는 시각적 구현이 생동하는 캐릭터보다 더 중요한 업무였던 것이다.

4. 장면 선택을 위한 판단력

감독이 심혈을 기울인 겐토와 아버지의 대면 장면은 26분 30초에 달한다. 시각성의 강조를 위해 돌풍을 일으키고 자동차 두 대를 공중에 날려 그중 한 대가 〈폐허의 종〉 촬영 건물의 지붕을 뚫고 권총을 든 아마카스를 쓰러뜨린 장면이다. 전체 두 시간이 채 안 되는 영화에서 상당한 비중으로 묘사를 했으니 심혈을 기울였다고 말할 수 있다. 그런데 정작 그 장면 속에서 영화의 정점을 위해 중요한 역할을 수행하는 두 사람은 영화를 찍고 있다기보다는 연극 무대에 올라가 있는 배우처럼 대사를 처리한다. 클라이맥스에서 그간의 사연을 말로 다 풀어내어 버리는 무대 연기 방식은 기껏 공들여 비싸게 만든 CG의 리얼리티에 심각한 흠집을 낸다. 앞서 가이메이대학 수리학 연구소로 거의 연행되다시피 방문하게 된 아오에 교수가 우하라 박사에게서 겐토와 마도카의 수술 경위에 대해 얘기를 들은 시간도 10분 40초에 달한다. 예측 능력이 발현되는 인서트가 들어가 있지만 두 사람만의 대화 장면이 너무 길게 처리되어 핵심적인 시각 요소가 빛을 잃고 있다. 원작에 어긋나지 않게 이야기를 전달하려는 강박이 영화를 연극적으로 돌아서게끔 만들었다. 소설에서 나타난 시각적 문장이 영화화에 최적한 조건을 가졌더라도 이야기 맥락을 전달하기 위하여 말이 많아진다면 영화화에 어떤 상흔이 생기는지 알 수 있다. 하지만 상흔이 생겼다고 하더라도, 이를테면 아오에 교수의 캐릭터가 어떻게 변질되었건, 소설 속 장면 두 개가 하나로 합쳐졌건, 캐릭터의 역할이 원작과 달리 엉뚱하게 바뀌었건, 자주 등장하는 주변 인물들이 생기 없이 떠돌건 간에 시각성으로 승부를 보려는 영화적 자세는 감독의 태도에 힘을 실어주는 요인임에 틀림없다. 영화는 태생적으로 망막 속에서 숨쉬기 때문이다.

〈리얼 술래잡기〉에 나타난 존재의 감각

1. 생명의 육체성에 대한 초월의식

소노 시온 감독의 〈리얼 술래잡기(リアル鬼ごっこ)〉(2015)는 '나'를 찾아가는 여정이다. 세계를 인식하며 실존적으로 살아있는 '나'는 누구인가? 지금까지 많은 창작물의 주제로 채택되었던 이 해답 없는 질문을 맞아 소노 시온은 그만의 방식으로 정면에서 한번 부딪혀 본다. 그는 처음부터 〈나는 소노 시온이다!〉(1985)라고 외치며 영화를 시작했다. 그가 영화를 만드는 궁극적인 목적은 진정한 '나'를 찾기 위함이다. 누구나 '나'를 찾고 싶어 하지만 아직도 이 세상에서 그 뜻을 주체적으로 이룬 사람은 없다. 소노 시온이 가진 차별화 지점은 '나'를 찾기 위해 '나'의 육체를 분열과 해체 상태로 몰아가는 시각적인 표현상의 독특한 방식에 있다. 첫째, 허리 부근에서 몸을 반으로 자른다. 둘째, 목을 자른다. 셋째, 머리를 파괴한다. 넷째, 복부를 찌른다. 다섯째, 나머지 신체 부위를 자르거나 찌른다.

이런 방식은 소노 시온이 일본인이기 때문에 일본의 역사와 전통 속에서 자연스럽게 습득한 자아 탐구의 한 가지 형태일 것이다. 육체의 훼손은 나의 소멸이 현실적으로 타인의 시야에 비치는 동질감각의 수용절차와 같다. 허리가 잘리자 죽었다, 머리가 잘리자 죽었다, 이러한 시각적인 죽음이야말로 '나'를 활용하여 타인과 세상을 훈육하는 효과적인 수단이다. 집단적인 질서를 확립하기 위한 본보기로 시각적인 소멸의 절차를 고안해 내었고 역사의 흐름을 따라 축적되었다. 정치, 사회적으로는 효율적인 집권을 위한 '제거'라는 의미를 가지고 있는 '잘라 죽이기'가 개인, 심리적으로는 본래의 '나'를 찾아가는 길로 통하고 있다. 육체의 소멸을 통해서 진정한 '나'를 찾아낼 수 있다는 신념이 생긴다. 타의에 의한 시각적인 훼손상태의 전시를 벗어날 수 없다면 차라리 초월하겠다는 뜻이다. 일본인의 집단의식 저변에 깔린 생명현상에 대한 개체적인 이해 방식이 엿보인다. 소노 시온이 일본인 전체를 대표할 수는 없겠지만 일본 사회가 낳고 기른 생명체가 소노 시온이기 때문에 그 개체성이 문화적으로 인정된다. 그의 영화에 담긴 '나'의 정체성은 바로 일본인의 정신적인 단면이다.

2. 소멸과 불멸의 기이한 유사성

영화 〈리얼 술래잡기〉의 주인공 이름은 미츠코(光子)이다. 날씨 좋고 햇빛 좋고 여학생들이 마냥 즐거운 소풍날, 갑자기 바람이 칼이 되어 날아와 타고 있던 버스를 가로로 잘라버린다. 운전기사의 목이 있는 그 위치에서 수평으로 두부 자르듯 단숨에 베어버리자 기사는 목이 잘리고 모든 여학생들은 몸이 반 토막 난다. 미츠코는 바람이 달려들기 직전에 시를 쓰고 있다가 친구가 노트를 뺏는 사이 펜을 바닥에 떨어뜨렸는데, 바로 그 펜을 주우려 상체를 구부렸을 때 바람의 칼이 모두를 베어버린 것이다. 화창한 날 소풍 버스 안에서 베개 싸움 놀이를 하며 너무나 신나게 놀던 여학생들이 순식간에 반 토막이 되어 피를 뿜는다. 바람은 자연의 일부이나 여기서는 자연 그 자체를 대신한다. 즉 자연은 너무나 평화롭고 행복한 어느 순간에 모든 것을 단번에 거꾸로 뒤집는 재앙을 불러일으킨다. 온 가족이 오순도순 저녁밥을 먹으려는데 갑자기 지진이 발생하여 몰살을 당하는 참사가 현실로 나타날 수 있다. 그런 일이 일어날 가능성이 언제나 잠복하고 있는 곳이 바로 일본이다. 그리고 가장 행복한 날에 목숨을 끊을 수 있는 사무라이 전통의 죽음 로망이 깃들어 있기도 하다.

미츠코는 주변 사람들이 다 죽어 나가는데도 혼자 살아서 달아난다. 미츠코가 광란의 현실로부터 달아난 곳에는 이전과 다른 현실의 장소가 준비되어 있다. 첫 번째 장소는 여학교인데 거기에 세 명의 친구가 있다. 그녀들의 이름은 아키(秋), 슈(超), 타에코(平子)이다. 이곳에서의 미츠코 얼굴은 칼바람 사건 장소 때와 동일하다. 하지만 그 이후 두 장소, 결혼식장과 달리기 대회 공간에서는 각각 얼굴이 달라진다. 이름도 바뀌어 케이코와 이즈미로 불린다. 미츠코의 얼굴이 케이코로 바뀌고, 케이코의 얼굴이 이즈미로 바뀔 때는 공통적으로 거울이 매개체로 사용된다. 즉 거울을 보자 다른 얼굴, 다른 사람이 되어 있는 것이다. 미츠코는 얼굴과 몸이 다른 사람으로 완전히 바뀌었는데도 자신이 미츠코라는 사실을 알고 있다. 의식상태로는 미츠코 그대로이다. 하나의 의식인 미츠코가 두 개의 다른 몸으로 변신했다. 이 모든 비밀은 친구인 아키가 알고 있다. 미츠코가 다른 사람으로 바뀌고 있는데도 아키는 처음부터 끝까지 그 모습 그대로 있다. 이즈미에서 다시 미츠코로 돌아올 때는 아키가 시키는 대로 "나는 미츠코다"라고 수차례 외친다. 〈나는 소노 시온이다!〉와 똑같은 외침이다. 누구든 자신의 존재가 세상의 중심이다. 미츠코의 생명은 몸을 바꾸며 환생한다. 즉 생명은 육체적인 물질성으로 존재하지 않는다. 생명이 사라지면 이 세상도 사라진다.

3. 과학적 상상력에 연결된 존재론

　　역사적으로 신도, 불교, 유교, 무사도가 뒤섞인 일본인의 정신 이면에는 거대한 불평등이 도사리고 있다. 하늘 아래 인간은 똑같지 않은 것이다. 하늘과 땅이 구분되어 있기 때문이다. 천상계와 지상계가 나뉘듯이 그 패턴을 그대로 인간계에서 물려받아 인간들 사이에서도 계층이 나누어졌다. 사실 인간들 사이의 계층은 사소하다. 태풍과 지진 같이 거대한 힘으로 범접할 수 없이 버티고 있는 자연 앞에서는 누구든 엎드려야 한다. 그 자연을 지배하는 하늘은 인간이 상상할 수 없는 영역이다. 일상생활에서 힘의 편차가 실감 나는 사회에서는 위로부터 내려온 명령에 따라 움직이게 되는 물성이 강하다. 그것은 명령에 토를 달지 않고 순종적으로 받아들임으로써 기꺼이 죽는 행위이다. 죽음에 대한 무저항적 수용은 궁극적으로 죽음을 외면하려는 체념이 아니라 개체적 생명현상을 극복하고자 하는 의지이다.

　　소노 시온은 미츠코가 2034년 여름에 죽었지만 DNA 샘플 채취로

복제되어 그로부터 150년 뒤에 다시 살아난 것으로 처리했다. 미래 세계에서 전설의 게임으로 된 〈리얼 술래잡기〉를 그 세계 속 남자들이 3D로 즐기고 있었다. 게임 속 주인공은 당연히 미츠코였다. 즉 영화 속에서 진행되어 온 내용은 게임 스토리였던 것이다. 알고 보니 게임이었기에 허망한 세상이다. 미츠코를 살려낸 남자는 노인이 되어서도 아주 먼 옛날에 유행했던 게임기를 가지고 열심히 논다. 물론 그 게임 속 주인공도 미츠코이며, 모니터에 보이는 영상은 우리가 이미 앞서 보았던 영화의 한 장면이다. 미츠코를 결정적으로 미래세계로 이끈 친구 아키는 이렇게 말했다. "우리가 사는 이 세상은 모조리 허구야. 누군가가 우리 모두를 이 세상으로 끌고 왔어." 또 한 명의 친구였던 슈는 이렇게 말했었다. "내가 돌을 던지면 표면에 파장을 일으켜. 하지만 다른 세계의 나는 돌을 던지지 않았어."

다중 우주가 무한히 존재한다는 현대 물리학의 가설을 현실적으로 상상하는 소노 시온은 지금 현재 눈앞에서 펼쳐지고 있는 이 세상이 오히려 비현실로 느껴지기 시작한다. 그러므로 〈리얼 술래잡기〉에서 미츠코가 마주했던 살육의 현장들, 그 현실들은 사실상 중첩되어 있었던 것이다. 우리가 보았던 영화, 영화 속 인물이 즐겼던 게임, 그 선형적 시간의 속성에 맞추어 나열했던 미츠코의 세상은 모두 동일한 시점에 있었다. 개별 생명이 온 세상의 존재를 결정하는 스위치였다.

〈스즈메의 문단속〉과 미래의 인연 법칙

사람이 죽고 난 후, 그 어떤 지속적인 존재성의 유무에 대한 세계 각 문화권의 상상은 제각각이다. 눈에 보이지 않는 대상의 신령함, 그것은 역대로 사람의 마음을 사로잡는 중심 요인이다. 사람의 마음이란 쉽사리 그런 비가시적 초월 대상에 사로잡힌다. 죽고 난 후의 세상을 믿는다는 것은 얼마나 우매하며 또한 위대한가? 게다가 사후세계가 현실에 개입되어 있을 것이라는 발상은 동물계 사람 종(種)의 특성을 단적으로 알려주는 힌트이다. 신석기 농업혁명 이후 문명 초입에 깔린 죽음 의식은 세계적인 현상인데,[1] 일본의 경우는 『일본서기(日本書紀)』에 수록된 이자나기의 황천 방문 에피소드에서 나타난다. 고대 일본인의 생각으로는 죽은 신체를 벗어난 영혼이라면 혼자서 마음대로 돌아다닐 수가 있다. 그런 영혼 상태의 인간은 '이 세상 어디엔가 있다'고 전해져 내려오는 죽은 자의 나라에 가서 정착하게 될 거라고 믿는다.[2]

---

1   고든 차일드, 『신석기 혁명과 도시 혁명』, 김성태 · 이경미 옮김, 주류성, 2013, p.152.
2   사토 히로오, 『일본열도의 사생관』, 성해준 옮김, 도서출판 문, 2011, pp.75~76.

신카이 마코토(新海誠)의 재난 3부작은 이승과 저승의 경계를 허무는 작업에 상당한 공을 들이고 있다. 2016년 작 〈너의 이름은(君の名は)〉, 2019년 작 〈날씨의 아이(天氣の子)〉, 그리고 2022년 작 〈스즈메의 문단속(すずめの戸締まり)〉은 발상의 저변에 2011년 동일본 대지진을 공유한다. 3부작의 마지막 작품인 〈스즈메의 문단속〉은 동일본 대지진의 직접적인 표현이다. 가공할 자연재해로부터 부지불식간에 희생당한 사람들에 대하여 예술가로서 바칠 수 있는 추모 의식의 발현으로 죽은 자를 위한 진혼곡이다. 더불어 신카이 마코토는 단순한 추모에 머물지 않고 구원으로 나아가려 한다. 재난 3부작이 세상 사람들의 마음을 움직이게 되는 핵심 동력이 바로 그 '구원 의지'라는 포인트에 있다. 그 의지의 중심에서는 늘 현실과 죽음이 만난다. 신화적이며 종교적인 신비의 포장으로 현실을 넘어선 차원의 근본 에너지를 끌어들인다.

1. 근본 에너지의 분화 – 물질을 지배하는 물질 이면의 힘

『일본서기』 권(卷)1 신대(神代)에 따르면, '하늘과 땅이 아직 갈리지 않았던 그 옛날에는 음양(陰陽)이 미분(未分)이었고 혼돈하였는데, 그 흐릿한 속에 형상의 싹이 포함되어 있었다'고 한다.[3] 이와 유사한 표현은 성경의 창세기에서도 볼 수 있을 뿐만 아니라 수메르 신화를 비롯한 세계 각지의 태초 관념에서도 엿볼 수 있다.[4] 마치 전 세계가 하나의 지령을 공유한 듯한 모습으로

---

3   田溶新,『日本書紀』, 一志社, 2010, p.1.

4   제카리아 시친,『수메르, 혹은 신들의 고향 2』, 이근영 옮김, 이른아침, 2007, p.18.

한결같이 태초에는 아무것도 없었고, 없는 존재(無極)로부터 두 가지 기운이 원
인 모르게 흘러나왔는데 그것이 바로 현대 과학 문명의 초석으로 자리하고 있
는 전자기력의 플러스(+)와 마이너스(-)이다. 플러스는 양(陽), 마이너스는 음
(陰)으로 대치될 수 있다. 무극(無極) 혼돈(混沌)에서 음양(陰陽)이 생겼다는 고대
관념이 20세기에 이르러 과학으로 증명된 셈이다. 음양은 오행으로 전개되었
다.

　　　동아시아의 태초 관념에 따르면, 중국의 태호 복희씨(太皞 伏羲氏) 전
승 신화에서 사람이 발 디디고 살아갈 땅이라는 세상의 창조와 처음으로 마주
치게 된다. 그의 누이 또는 아내로 알려진 여와(女媧)가 진흙으로 인간을 만들
었다. 유대의 창조신 여호와 하나님이 아담에게 숨을 불어넣은 것처럼 동아시
아의 역사 이전 고대적 상상력 속에서도 흙에서 생겨난 인간이 지상을 활보한
다. 인간이란 움직이는 흙은 기(氣)를 받은 결과적 현상이다. 기는 온 세상(우주)
에 존재하고 있으며, 모여서 뭉치게 되면 구체적인 형상을 갖추지만 흩어져 사
라지면 형상도 소멸한다. 즉 사람을 비롯한 모든 만물은 이러한 기의 취산(聚
散)에 의해 형성되고 소멸하는 것이다. 기취(氣聚)가 일어난 상태를 혼륜(渾淪)
이라 부르며, 이 단계에서 맑고 가벼운 기는 위로 올라가 하늘(天)을 형성한다.
반면 탁하고 무거운 기는 아래로 내려가 땅(地)을 형성한다.[5]

　　　하늘의 기운을 천간(天干)이라 부르고 땅의 기운은 지지(地支)라 칭
한다. 하늘과 땅의 기운 차이는 단순함과 복잡함으로 드러난다. 천간은 우주에
존재하는 최후의 불변적 가치와 원칙이고, 지지는 인간의 현실적 가치를 상징

5　신창용,『자평학 강의』, 들녘, 2013, pp.73~74.

한다.[6] 천간과 지지는 음양으로 분화되어 오행이라는 관념적 구체성으로 펼쳐지며 음양에서 오행이 세부화되어 나왔다. 오행의 상징 부호는 木, 火, 土, 金, 水이다. 서양 철학의 원산지인 고대 그리스에서는 4원소설(元素說)로 물질의 본질을 설명하려 했는데, 그것은 물, 불, 공기, 흙으로 동아시아 고대 음양론과 비교하자면 木과 金이 공기 하나로 응축된 형태이다. 본질 상태의 기를 투시하는 동서양의 차이는 물질계 주관자 목금(木金)의 능력과 금화교역(金火交易)을 바라보는 관점의 차이로 나타나고 있다. 木과 金이 공기로 대체되었을 때, 계절을 관장하는 전 지구적 능력이 호흡이라는 개체의 생명 활동으로 전격 변질된다. 금화교역은 큰 변화를 일으키는 현상이므로 기의 역류를 유발한다. 봄에서 여름으로 넘어가는 목생화(木生火)와 가을에서 겨울로 넘어가는 금생수(金生水)는 순행(順行)의 과정이나, 여름에서 가을로 가는 과정은 화극금(火剋金)이다.

　　　동아시아의 음양오행설과 서양 원류의 4원소설에서 드러난 두 집단 간의 공통점은 물과 불을 물질의 기본 토대로 구상했다는 점이다. 지구에서의 물과 불은 땅의 중재에 기대어 실체로서 구현된다. 하늘에서는 순수한 형태로 남아 우주 전체의 세력 균형을 이끈다. 특히 흙으로 물질화된 土의 기운은 하늘의 중심에서 水와 火의 기를 회전시키는 축 역할을 한다. 천간은 분출과 확산이라는 양의 운동에서 수렴과 응축이라는 음의 운동으로 방향을 바꾸기 위해 그 중간에서 土의 중계와 전환을 거친다.[7] 물리학적 증명에 따라 빅뱅으로 우주가 물질화되어 생겨났겠으나 기의 차원에서는 삼라만상이 수화(水火)

6　강 헌, 『命理 - 운명을 읽다』, 돌베개, 2015, p.82.

7　김학목, 『명리명강』, 판미동, 2016, pp.50~51.

의 조화로 에너지의 변형체가 생성되어 목금(木金)이란 물질적 결과를 얻는 것
이다. 그러므로 근본 무극(無極)에서 분화한 에너지는 비가시적 영역인 하늘에
서 '木→火→土→金→水'라는 순수한 형태의 기호로 인식이 가능해졌다. 재난
3부작을 다루는 신카이 마코토는 현실의 난제를 타개하기 위해 비가시성 에너
지를 사용한다. 현실 세계의 시각에서 보면 그것은 저승 편에 속한 보이지 않
는 힘이다. 3부작 모두 그러한 초월적인 하늘 에너지에 접촉할 수 있는 비범한
주인공이 등장하여 기적을 일으킨다. 〈스즈메의 문단속〉에서는 그러한 기적의
실체를 시각화하면서 동아시아의 음양오행 원리를 활용하고 있다.

2. 스즈메(すずめ)의 고군분투
– 미미즈(みみず)의 형태로 구현된 천라지망(天羅地網)

우주라는 허공에 산재한 순수 형태의 오행은 시공간이 있는 물질계
에 개입되어 감각적 인식체로서 가시화되는 순간 다소 복잡한 양상을 드러낸
다. 오행의 얽힘이라는 다양한 조합이 발생하여 천간의 변형이 불가피하다. 오
행의 속성 자체에 변질은 없으나 상징 기호를 천간의 형태 그대로 적용할 수
없는 변화가 생긴다. 공간의 형태에 따른 시간의 발생으로 말미암아 어떤 일에
서건 앞뒤의 순서가 정해지고 어떤 물체이건 간에 그것이 자리한 명확한 위치
가 지정되었기 때문이다. 특히 지구는 23.5도 기울어진 자전축으로 회전하는
구형의 물체이므로 낮과 밤에 따른 시간별 온도차가 발생하고 공전에 의해 계
절의 변화 또한 주기성을 갖는다. 위치는 방위와 방향 속에서 결정되기 때문에

동서남북이란 네 공간에 각기 다른 천간의 기가 응집되고, 사계절 또한 마찬가지로 공간의 좌표에서 천간의 기를 흡수한다. 상징 기호는 각 방향에 배치된 세 마리 동물 표기이다. 그 특성으로 현상의 원인을 유추할 수 있도록 조직되어 있다.

신카이 마코토에게 세계적인 명성을 안겨주었던 2016년 작 〈너의 이름은〉에서 주인공 미츠하(宮水 三葉)의 외할머니는 영화 속 핵심 사상이 담긴 '무스비(結び)'라는 말이 신과 인간을 잇는 결속을 뜻한다고 설명하였다. 원래는 신의 영역에 속한 말이었으나 이승에서는 땅의 수호신을 지칭한다고 했다. 신을 부르는 말, 신의 힘, 신의 능력, 그것은 땅에서 시간의 흐름을 형상화한다는 것이다. 시간은 무스비, 이것은 천간의 기가 땅에서 시간으로 구현되고 있음을 뜻하는데, 무녀(巫女)인 미츠하가 시간의 벽을 뛰어넘는 접속 능력이 있었던 것처럼 〈스즈메의 문단속〉에서도 주인공인 스즈메(岩戶 鈴芽)는 2011년이란 과거의 동일본 대지진 희생자인 어린 자신과 연결될 수 있었다. 〈날씨의 아이〉의 주인공 히나(天野 陽菜)가 시간의 도리이(鳥居)를 통과하자 날씨를 조정하는 능력이 생긴 것처럼 시간의 문을 통과한 스즈메는 저승을 눈으로 보는 능력을 소유하게 된다. 시간을 통제하는 것이 인간의 한계이다.

무스비, 신의 힘, 그 영역에 있는 비물질 천간이 땅에서 구현되어 나타난 상징 기호가 지지이다. 그것은 인간세계와 밀접한 12마리 동물의 형태를 상징적으로 보여준다. 지지는 시간과 얽혀 있어 서로 분리되지 않는다. 즉 지지는 하루 또는 계절의 의미까지 내포한다. 따라서 지지의 상징 기호는 사각의 도형으로 손쉽게 그릴 수 있다. 12지지를 방위와 시간의 사각 섹션으로 구분하자면, 북쪽 겨울 또는 밤은 해(亥), 자(子), 축(丑)이고, 동쪽 봄 또는 새벽과 아침은 인(寅), 묘(卯), 진(辰)이며, 남쪽 여름 또는 밝은 오전과 낮은 사(巳), 오(午), 미(未)이고, 서쪽 가을 또는 해가 질 무렵과 어둠이 찾아온 시각은 신(申), 유(酉), 술(戌)이다. 오행이 음양으로 분화되어 나타난 10천간은 하늘의 기가 우리의 정신에 영향을 미치는 것이며, 12지지는 지상에 있는 모든 것에 구체적으로 영향력을 가진다.[8] 천간은 시간을 초월하여 과거 현재 미래가 뭉치기도 하나 지지는 개별 시간체이다.

　　　　재난 3부작의 여주인공은 모두가 하늘의 기를 움직이는 무녀(巫女)라 할 수 있다. 시간의 문을 통과하여 다른 시공간의 힘을 받아 현재의 위기를 벗어나도록 중재하고 있는 능력자들이다. 그들은 현실 세계에서 평범한 삶을 살아갈 수 없으며 태생적으로 주어진 고난의 정면에서 팽팽하게 맞서야만 하는 운명이다. 그중 스즈메는 토지시(閉じ師) 청년 소타(宗像 草太)와 스쳐 지나간 찰나의 이끌림으로 능력자의 반열에 들어간다. 그 후로 지진을 일으키는 재앙신과 맞닥뜨리자 그동안 전혀 몰랐던 자신을 능력을 발견한다. 12지지 가운데 유일하게 지상에 발을 딛지 않는 용(龍)의 인자가 무녀 스즈메에 깃들어 있는데, 이것은 유사시에 터져 나온다. 용(龍)은 사(巳)와 함께 지렁이 미미즈(みみず)의 형태를 띤다. 미미즈의 확대가 사(巳)이며, 더 큰 확대가 용(龍)이다. 폐허의 문밖으로 터져 나온 미미즈가 가공할 크기로 땅에 떨어져 내리는 형상은 극도로 팽창한 용(龍)의 위세와 다르지 않다. 스즈메가 미미즈를 기도로써 다스릴 수 있는 무녀이기에 그녀의 운명은 천라지망(天羅地網)에 갇힌다. 지구에서 반드시 힘겹게 이루어내야 할 미션이 있는 천라지망의 운명이다. 미미즈가 하늘

8　김학목, 앞의 책, p.61.

과 땅에 용(龍)의 형상으로 떨어져 내리거나 하늘에 떠서 구름 같은 그물 형상으로 펼쳐지는 건 바로 스즈메가 어떤 운명의 사람인가를 알리는 시각화 작업인 셈이다.

    12지지에는 이승과 저승의 경계에 서 있는 수문장이 있다. 바로 진(辰)과 술(戌)이다. 용(龍)과 같은 진(辰)은 육양(六陽)인 사(巳)를 동반하여 이승의 세상을 펼치고, 이승을 마감하는 술(戌)은 육음(六陰)인 해(亥)를 동반하여 저승의 세상을 펼친다. 그러니 진(辰)은 저승에서 이승으로 건너오는 문이고 술(戌)은 이승에서 저승으로 넘어가는 문이다. 〈스즈메의 문단속〉에서는 열린 문을 닫아야만 재앙신을 잠재울 수 있다. 스즈메가 물길을 걸어 시간의 문 앞에 도달하도록 설정한 것은 물과 불의 조화 속에 이승과 저승이 형성된다는 암시로써 안팎으로 진(辰)과 술(戌)의 문이 작동하고 있음을 표현한 것이다. 이는 〈너의 이름은(君の名は)〉에서 미츠하의 몸에 들어간 타키(立花 瀧)가 할머니를 업고 미야미즈(宮水) 신사의 사당으로 향해 갈 때 시냇물 같은 작은 물길을 건너던 장면과 뜻이 통한다. 물을 건너면 황천(黃泉)이라고 할머니는 말했다. 이승으로 돌아오려면 인간이 지닌 가장 소중한 것을 대신 바쳐야 한다. 즉 진(辰)과 술(戌)의 문을 통과하는 자는 이 세상을 살면서 가장 소중한 뭔가를 걸고 전력을 다해야 한다. 재앙신이 불길처럼 치솟아 용(龍)의 모습으로 지상에 떨어질 때 스즈메는 자신을 둘러싼 천라지망을 숙명으로 받아들인다. 태생이 술해(戌亥)의 천라(天羅)와 진사(辰巳)의 지망(地網)에 동여져 있음을 직감적으로 인지하게 되면 스스로 남다른 불굴의 의지를 발휘할 수 있다.

3. 水와 火의 조화 – 시간의 생성을 관장하는 신(神)의 손길

지진을 일으키는 재앙신은 땅속에서 꿈틀거리는 에너지이다. 응축된 불의 에너지가 터져 나오는 것이다. 이를 저지하려는 토지시(閉じ師) 소타와 스즈메는 불의 반대편 세력인 물의 세계에 속한다. 하늘의 순수 기운인 천하에서 양(陽)의 대표는 병화(丙火), 음(陰)의 대표는 임수(壬水)로 기호화되어 있는데, 이들 기운이 땅으로 내려오면 병(丙)은 사(巳)와 오(午)로 임(壬)은 해(亥)와 자(子)로 그 형태가 전이되어 하늘의 순수성을 원형 그대로 갖추지 못한다. 땅에 스민 하늘의 기운인 지장간(支藏干)을 보면 사화(巳火) 속에 무(戊), 경(庚), 병(丙)이 들어있는 것처럼 기의 입장에서 하늘과 땅은 1대1 대응이 아니다. 그래서 땅의 속성을 분별하기가 더욱 복잡해진다. 사람의 몸은 천간이 스며든 12지지의 혼합물이기에 스스로 하늘의 순수 에너지와 접속하기란 거의 불가능일 뿐만 아니라 몸을 구성하는 기의 성분 비율조차 구별해내기가 어렵다. 누군가 천간의 한 지점에서 바라본다면 땅의 혼탁상태는 전혀 다른 기본 요소로 구성된 세상처럼 느껴질지 모른다. 스즈메가 하늘의 순수 기와 접속되는 능력을 보여준 것은 그녀가 다른 존재들과 차별화된 의식의 순간에 있음을 뜻한다.

이렇듯 땅에서의 오행은 시간의 지배를 받는다. 시간은 무스비(結び)이다. 물의 세계에 속한 소타와 스즈메는 자수(子水)를 중심으로 삼합운동(三合運動)을 하는 신(申)-자(子)-진(辰)의 시간 영역에 있다. 진(辰)은 용(龍)의 상징 기호이기에 물의 저장고로 물을 잔뜩 머금는다. 〈날씨의 아이〉에서 호다카와 히나가 찾아간 점술가는 이렇게 말했다. "비의 여자에겐 용신(龍神)의 자연령(自然靈)이 붙지." 여기서 알 수 있듯이 신카이 마코토는 이미 전작에서 용(龍)의 형상을 떠올리고 있었다. 그런데 〈스즈메의 문단속〉에 나타난 용(龍)은 불의 용(龍)이다. 천간의 병화(丙火)는 진(辰)에서 12운성(運星)의 관대지(冠帶地)이기 때문에 미성숙하지만 갑작스럽게 가장 폭력적인 모습을 드러낼 수 있다. 지진 재앙신은 바로 이러한 성질에 착안되어 있다. 스즈메의 성격도 관대지(冠帶地)의 특성 중 하나인 '물러서지 않는 패기'를 드러낸다. 하지만 스즈메가 물의 세계에서 나타난 전령이기 때문에 불의 형상으로 치솟은 용(龍)을 끝내 무찌를 것이란 암시가 담겼다. 스즈메는 용(龍)의 내면을 가졌고 지진 재앙신과 대적하면서 진정한 자신의 모습을 발견한다. 불기둥 형태로 치솟은 용(龍)은 스즈메의 자기 발견에 대한 모티프이면서 재앙신으로서의 파괴력을 전달하기에 적절한 캐릭터이다. 겉은 불, 속은 물을 가진 양면적인 기의 구현이다. 불의 제왕인 천간의 병화(丙火) 외형과 물의 제왕 임수(壬水)의 합일체와도 같다.

　　　오행은 『상서(尙書)』의 「감서(甘書)」에서 처음 나오고 「홍범(洪範)」에서 두 번째로 나오는데 구체적으로 木, 火, 土, 金, 水를 기록한 문서는 「홍범」이 처음이다. 그에 따르면 오행의 첫 번째는 水이고 火는 그 다음이다.[9] 水가 火에 앞서 있으므로 물과 불의 합일체라는 캐릭터에서는 종국에 물이 불을 제압하게 될 것이다. 스즈메를 장악한 천라지망은 인간계에서 가장 상위의 흉살이라 불리지만 진(辰) 속에 계수(癸水)가 있고 술(戌) 속에 정화(丁火)가 있으므로 수화(水火)의 씨앗을 품은 형상이다. 생명의 발아에 가장 절실한 인자를 품었으니 스즈메의 역할을 그로써 결정되었다. 한 개인이란 인간적 측면으로는 천라지망에 갇혀 있는 형국이므로 세상으로부터의 분리를 겪도록 설계되어 있

9　임정기, 『음양오행으로 읽는 세계』, 맑은샘, 2022, p.123.

지만, 수화(水火)라는 생명씨를 심어 퍼트리는 역할을 맡게 될 것이므로 지구에 미래의 시간을 심고 뿌리고 가꾸는 모태로 승화한다. 스즈메를 둘러싼 천라(天羅) 술해(戌亥)는 양(陽)의 문을 통과하는 마지막 기점이고 지망(地網) 진사(辰巳)는 음(陰)의 문을 통과하는 마지막 기점이다. 술(戌)은 화고(火庫), 진(辰)은 수고(水庫). 술(戌)은 불씨를 품고, 진(辰)은 물의 씨앗을 품는다. 술(戌)은 천간(天干) 병화(丙火)의 묘지(墓地)이고, 진(辰)은 천간(天干) 임수(壬水)의 묘지이다.[10] 묘지는 평소에 문을 닫고 꼼짝 않지만, 문을 한번 열었다 하면 세상이 뒤집힌다. 묘지는 이승에서 보면 저승이고 저승에서 보면 이승이다. 하늘의 물과 불에는 시간 개념이 없다.

임수(壬水)가 땅으로 내려오면 해수(亥水)와 자수(子水)라는 상징 기호를 얻는다. 임(壬)은 일반적으로 임신을 뜻하기도 하는 만큼 미래의 생명을 책임진다. 천간은 순수한 기운이므로 음양이 그저 깔끔하게 붙어다니므로 임(壬)의 옆에는 반드시 계(癸)가 있다. 마찬가지로 병(丙)의 옆에는 정(丁)이 있는 것이다. 앞서도 언급했듯이 계(癸)와 정(丁) 생명의 씨앗이다. 땅에 드리운 천간 임수는 정작 시간의 앞길 터는 일에만 급급하므로 정작 중요한 업무인 씨 뿌리는 작업은 계(癸)가 담당하게끔 되어있다. 그러므로 지상에서의 수기(水氣)는 자수(子水)가 주인이다. 자(子) 속에 천간(天干) 임계(壬癸)가 나란히 들어앉아 있다. 양기(陽氣) 임수(壬水)가 앞으로 달려갈 때 음기(陰氣) 계수(癸水)가 뒤에서 실무를 다 한다. 계(癸)는 무(戊)를 만나면 따라가려는 속성이 생기는데, 스즈메가 소타를 보고 첫눈에 끌려 등교조차 팽개치고 폐허의 문으로 가게 된 원인이

---

10   신창용, 앞의 책, p.236.

다. 저승 문을 열어 화기(火氣)가 감금된 요석을 뽑자 다이진(ダイジン)이란 고양이가 나타났다. 이것은 술(戌)의 현현이다. 다이진이 요석으로 봉인되어 미미즈를 막고 있었다. 술(戌)은 저승의 입구이다. 술(戌)이 묘(卯)를 만나면 태도를 바꾼다. 임무를 망각하고 속세에 살고자 한다. 봉인 해제된 다이진은 하얀 고양이의 모습으로 그려졌지만 실제로는 토끼가 맞다. 사람에게 친근한 애완동물이 더 사랑받을 것 같아서 고양이로 바뀐 것이다. 고양이를 뜻하는 묘(猫)와 토끼를 뜻하는 묘(卯)의 연관성이 짐작되지만, 무엇보다 신카이 마코토가 고양이를 좋아해서이다.

4. 미래의 인연법 – 땅에 숨어있는 하늘 기운의 이끌림

스즈메가 소타를 만난 것처럼 운명을 바꾸는 인연이 세상에는 늘 존재한다. 술(戌)이 묘(卯)를 보면 까닭 모르게 끌려가는 것처럼 지상에서는 서로 짝을 맞추려는 기운이 시시각각 도사리고 있다. 12지지의 짝 관계를 살펴보면 다음과 같다. 子-丑, 寅-亥, 卯-戌, 辰-酉, 巳-申, 午-未. 이를 지지(地支) 육합(六合)이라 부른다.[11] 子(자) 속에 임계(壬癸)가 있고, 축(丑) 속에 계신기(癸辛己)가 있다. 인(寅) 속에 무병갑(戊丙甲)이 있고, 해(亥) 속에 무갑임(戊甲壬)이 있다. 묘(卯) 속에 갑을(甲乙)이 있고, 술(戌) 속에 신정무(辛丁戊)가 있다. 진(辰) 속에 을계무(乙癸戊)가 있고, 유(酉) 속에 경신(庚辛)이 있다. 사(巳) 속에 무경병(戊

庚丙)이 있고, 신(申) 속에 무임경(戊壬庚)이 있다. 오(午) 속에 병기정(丙己丁)이 있고, 미(未) 속에 정을기(丁乙己)가 있다. 사람이 겉으로 봐서 알 수 없는 까닭이 숨겨진 천간의 복잡함에 숨겨져 있다. 기의 운동 방향은 양(陽)의 천간에서 순(順)하지만 음(陰)의 천간에서는 역(逆)한다. 따라서 눈에 보이지 않는 기의 상태에서는 마치 회오리가 몰아치는 것처럼 어디로 튈지 모른다. 더구나 지지 육합 속에 숨어있는 천간은 순수 천간 상태에 있을 때 결합하는 하늘의 법칙도 따르지 않는다. 스즈메가 다시 일상으로 돌아와 소타를 만날 일은 아마 없을 것이다.

결국은 하나의 아주 작은 인자가 시공간의 기묘한 접합에서 인연을 만든다고 볼 수 있다. 큰 그림으로 보면 양(陽)과 음(陰)이란 두 가지 물결밖에 없는데도 10천간이 12지지에 스며들어 밀고 당기는 힘의 작용으로 말미암아 미세한 변화까지도 끌림의 속성에 반영되고 있는 셈이다. 동아시아의 풍속과 사상을 대변하는 이러한 음양론이 실은 문명의 초입에서부터 사람들의 인지에 걸려 탐구의 대상으로 작용하고 있었다. 천간의 기 열 개와 지지의 기 열두 개의 조합으로 각기 개성을 지닌 60개의 기본적인 기 순환 사이클이 조합되었다는 사실은 수메르에서도 발견된다. 수메르인들이 관찰할 수 있었던 태양계의 행성이 12개, 거기에 오행이 곱해지면 60진법이 성립된다. 최상의 숫자 60은 안(An)이라 불리는 최고 신에게 바쳐졌다.[12] 천간의 10이란 숫자는 완성된 우주란 의미로 10진법을 표상하기도 하지만 오행이 음양으로 분화되어 나타난 음 5개와 양 5개에서 비롯된 10인 것이다. 지지의 12라는 숫자는 확실히 수메

---

12 제카리아 시친, 『수메르, 혹은 신들의 고향 1』, 이근영 옮김, 이른아침, 2007, p.188.

르인들이 파악했던 태양계의 행성 개수와 밀접한 관련이 있다. 12번째 행성은 3,600년 공전 주기를 가진 니비루이다. 지구에 근접했을 때 내려온 니비루의 네필림들이 문명을 전수했다고 한다.[13]

수메르에는 '만물이 창조되기 이전'의 기록이 있는데, 그에 따르면 하늘의 신들 가운데 하나가 '티아마트(Tiamat)'이다.[14] 〈너의 이름은〉에서 1,200년 주기로 태양을 도는 혜성이 바로 티아마트다. 미츠하가 사는 이토모리(糸守町)에 파편을 떨어뜨린 바로 그 혜성이다. 니비루 행성의 3,600년 주기설에서 따온 발상임에 틀림이 없다. 이를 보면 신카이 마코토는 인류의 첫 문명인 수메르와 그들 신화 또한 창작의 소재로 끌어와 기나긴 시간대의 상상을 펼치고 있는 셈이다. 문명 초입의 아득한 시간과 현재라는 촉박한 시간을 한자리에 모으고 접고 겹치며 창작에 몰입함으로써 시간 겹침과 초월의 발상을 달성할 수 있었다. 그러한 작업으로 동일본 대지진의 희생자들을 누구보다도 진실하게 어루만지며 깊은 위로를 전하게 되었다.

13 제카리아 시친, 『수메르, 혹은 신들의 고향 2』, p.295.
14 제카리아 시친, 『수메르, 혹은 신들의 고향 1』, p.136.

참고문헌

강 헌, 『命理 - 운명을 읽다』, 돌베개, 2015
          『命理 - 운명을 조율하다』, 돌베개, 2016
김용길, 『바꿔보면 보인다』, 도서출판 산청, 2015
김학목, 『명리명강』, 판미동, 2016
신창용, 『자평학 강의』, 들녘, 2013
임정기, 『음양오행으로 읽는 세계』, 맑은샘, 2022
田溶新, 『日本書紀』, 一志社, 2010
고든 차일드, 『신석기 혁명과 도시 혁명』, 김성태 · 이경미 옮김, 주류성, 2013
사토 히로오, 『일본열도의 사생관』, 성해준 옮김, 도서출판 문, 2011
제카리아 시친, 『수메르, 혹은 신들의 고향 1, 2』, 이근영 옮김, 이른아침, 2007

〈괴물〉에 나타난 인간의 본성

1. 시간 반복의 위험성을 극복하는 멀티 주인공 시스템

시간이 제자리로 돌아가는 내러티브 구조는 놓쳐버린 뭔가를 발견하고 싶어서 관찰력을 높이게 되는 효과를 얻는다. 반복되는 구간을 만나는 첫 지점에서 대체로 관객은 집중력을 높이며 앞서 놓쳤던 것이 있는지 찾게 된다. 두 번째나 세 번째 구간에서는 캐릭터가 자신의 실수나 결함을 교정하게 되는 경우가 흔하다. 두세 번 이상에서는 관객의 집중력이 오히려 떨어질 수도 있다. 대체로 순환이 멈추거나 시작되는 지점은 시간적인 일치를 수반하나 영화 속 현실은 애초의 포인트에서 약간 벗어나 있게 된다. 원형의 순환이 옆으로 밀리면서 계속 원을 그려나가는 형태라고 말할 수 있겠다. 반복되는 횟수의 적합도와 캐릭터의 상태 변화에 대한 논리성 수용 정도에 따라 작품의 퀄리티가 좌우될 수 있으므로 기본적으로 '타임루프(Time Loop)' 방식은 동어 반복으로 인한 지루함이 발생할 수 있는 자체적인 위험을 내포하기도 한다.

매일 아침 눈을 뜰 때마다 같은 날이 반복되는 해롤드 래미스 (Harold Ramis) 감독, 빌 머레이(Bill Murray) 주연의 〈사랑의 블랙홀(Groundhog Day)〉(1993)은 시간의 구간 반복을 통한 캐릭터의 업그레이드를 보여주는 대표적인 영화이다. 이런 경우에는 하룻밤 자고 나면 주인공이 또 어떤 성장을 달성할 것인가에 기대를 품고 흥미롭게 지켜보게 된다.[1] 목적이 달성되는 지점까지의 초인적인 성장 과정이 영화를 보는 재미에 해당한다. 코믹한 요소를 곁들여 구간 반복의 지루함을 제거하는 데 성공한 이 영화는 이후에 제작되는 타임 루프 영화들에 모범적인 흥행 성공 가이드가 되었으나 대다수가 이 영화만큼 주목을 받지는 못했다.

비교적 평균 수준 이상의 퀄리티에 도달했던 타임 루프 영화로는 〈엣지 오브 투모로우(Edge of Tomorrow)〉(2014)를 꼽을 수 있다. 더그 라이만 (Doug Liman) 감독, 톰 크루즈(Tom Cruise) 주연의 미래영화로 금속형 외계 생명체의 침입 탓에 강제적으로 전쟁에 투입되어 죽었다가 다시 살아나는 기현상을 겪게 되는 빌 케이지 소령의 이야기이다. 일본의 라이트 노벨인 『All You Need Is Kill』이 원작이지만 루프와 외계인 침공만 따와서 다른 스토리로 제작되었다. 죽으면 다시 살아나는 구조이므로 죽는 지점이 구간 반복의 포인트가 되기에 주인공이 구간 반복을 어떻게 끊을 수 있을까가 주목된다. 반복될수록 전투력이 상승하여 초인적인 능력을 소유한다는 형태가 〈사랑의 블랙홀〉과 흡

---

1   크리스티앙 메츠, 『상상적 기표』, 문학과지성사, 2012 , p.183. "감정적 만족 기술로서의 꿈과 영화의 경쟁은 덜 생생하며, 덜 활성화된다. 물론 꿈이나 영화 모두 이 역할을 담당하고 있기 때문에 여전히 경쟁이 존재하기는 한다. 하지만 이 둘은 매우 다른 순간에, 서로 별로 닮지 않은 환영 체계 속에서 이 역할을 수용하고 있다. 꿈은 그 근원적 광망으로 인해 순수 욕망에 더 반응하는 반면, 영화는 더 합리적이고 측정된 수준에서, 즉 상당량의 타협이 작용하는 만족이다."

사하지만, 그 아류를 극복한 동력은 영화적 진지함에 있다. 외계 접촉 현상이란 단순한 설정으로 죽었다 살아나는 것을 믿게 만든 캐릭터의 진지함이다. 코믹 요소를 배제한 채 실제 상황처럼 현실 극복의 의지를 불태우는 주인공의 영웅 신화적 모티브가 황당한 설정을 의미심장하게 받아들이도록 만드는 데 성공한다.

    그렇다면 고레에다 히로카즈(是枝裕和) 감독은 영화 〈괴물(怪物)〉의 플롯에서 이렇게 상당한 위험을 내포한 타임 루프를 왜 수용했으며 어떻게 극복했는가가 궁금해진다. 2023년 부산국제영화제에서 선보이며 관객들의 뜨거운 호응을 불러일으켰던 이 영화는 사건의 발생 시점의 첫 포인트를 마치 핀셋으로 메모장에 꽂은 것처럼 붙박아 두고 제자리에서 빙글 돌린다. 위에 예시한 두 영화는 시간이 굴러가는 원의 방향성이 직선의 형태로 되어 있지만 〈괴물〉은 고정된 시간을 테두리 짓는 한 개의 원만을 그리고 있을 뿐이기 때문에 주인공 행위의 반복이 아닌 주인공이란 인물 자체의 교체를 통한 타임 루핑이 발생한다. 굴러가는 원이 아닌 정지된 원의 형태로 나타난 플롯이다. 그러므로 원이 한번 굴렀을 때 그 중심에 놓여 있던 메인 캐릭터는 두 번째로 원이 구를 때 보조 캐릭터가 되어 버리는 옴니버스 타입의 시나리오 아이디어를 구현한다. 잘린 토막 같은 단락이 병렬로 붙어 있는 식의 구조는 전체를 유기적으로 엮어내기가 어려워 상업영화에서는 거의 채택되지 않는데, 이를 역발상으로 과감하게 활용하고 있는 셈이다. '각각의 캐릭터 탐구를 위한 아이디어'를 실현시키기 위한 구조인 것이다.

    이는 2023년 칸 영화제에서 각본상을 수상한 사카모토 유지(坂元裕二)의 재능이 유독 빛나고 있는 지점이다. 일정한 시간 범위 내에서 시간을 원점으로 되돌릴 때마다 다른 인물을 보다 면밀하게 관찰하도록 조직한 도전적인 창작 재능이라 할 수 있겠다. 흥행을 염두에 둔 영화라면 수용하지 못할 실험정신이 내포되어 있다. 시간의 중첩 과정에서 이야기를 관통하는 어떤 진실은 서서히 베일이 풀려 벗겨지는 것처럼 드러나게 되는데, 각각의 단락에서 중심 캐릭터의 행위는 보편적인 인간성의 양상을 네 가지 유형으로 집약해 놓은 것처럼 보인다. 1단락은 미나토의 어머니, 2단락은 호리 선생님, 3단락은 교장 선생님, 4단락은 무기노 미나토와 호시카와 요리, 이들은 각각 중년기, 청년기, 노년기, 유년기의 특징적인 모습을 드러낸다.

2. 사계절의 순환을 역행하는 중심 캐릭터의 설정

자연 발생적인 인생의 진행 방향이 유년기, 청년기, 중년기, 노년기임을 생각할 때 이 영화에서 설정한 순환구조의 순서는 자연스럽지가 않다. 영화의 첫 단락에서 마주친 어머니 사오리는 홀로 초등학교 5학년생 아들을 키우고 있는 중년의 여성이다. 남편과는 사별했고, 세탁소 일을 하며 쉽지 않은 일상을 스스로 격려하며 살아가고 있다. 일상을 견뎌낼 수 있는 동력은 아들인 무기노 미나토의 존재이다. 죽은 남편에게 미나토가 다 자라서 결혼할 때까지 잘 기르겠다고 약속했다. 중년의 삶을 아들에게 걸고 있는 싱글맘이다. 인생의 진행 순서에서 세 번째 단계인 중년의 싱글맘을 처음에 배치한 까닭을 찾는다면 이 영화의 작가와 감독의 제작 의도를 간파할 수 있을 것 같다. 이를 위해 계절의 순환을 대응시켜 보기로 한다.

지금까지 비교적 정리가 잘 되어 있는 계절론의 기호학은 명리학 (命理學)이라 생각된다. 명리학은 미신 같은 점성술이나 우연에 따른 타로점처럼 해석하는 사람의 주관에 따라 좌우될 확률이 상당히 낮다. 천간(天干) 10자와 지지(地支) 12자가 교차하며 결합하는 방식으로 60갑자(甲子)가 형성되므로 서로 다른 변별력을 지닌 코드의 가짓수가 일단 많고, 여기에 연월일시(年月日時)라는 네 기둥이 곱해지므로 확실한 변별력으로 코드의 결합 형태를 낱낱이 해석할 수 있는 통계 자료가 축적되어 올 수 있었다. 계절별로 주어진 기호가 명확하여 그 기호를 읽어내는 학습만 수행한다면 기본 뼈대의 해석이 가능하며, 데이터에 기반을 두어 해석자의 주관이 개입될 여지가 거의 없다. 명리학은 기본적으로 음양(陰陽)에 근원을 두고 오행(五行)론을 펼치며 우주 만물의 근본 속성을 이해하려는 학문이다.[2] 따라서 계절의 순환과 관련된 기호를 명리학적으로 살펴보면 중년 여성 사오리는 계절의 세 번째는 가을에 해당하여 천간으로 경신금(庚辛金)을 지지로는 신유술(申酉戌)이란 코드로 풀 수 있는 캐릭터이다.

이와 같은 방식으로 기호를 대입하면, 유년기의 미나토와 요리는 천간 갑을목(甲乙木), 지지 인묘진(寅卯辰)이다. 그리고 청년기의 호리 선생님의 천간은 병정화(丙丁火), 지지는 사오미(巳午未)이고 노년기 교장 선생님은 천간 임

---

2   강헌, 『命理』, 돌베개, 2015, p.58. "우주는 대립적인 요소로 구성된다. 다시 말해, 자아와 타자의 개념이 있고 타자가 존재함으로써 내가 존재할 수 있다. 남과 여, 밝음과 어둠, 시작과 끝, 물과 불, 시간과 공간, 단단함과 부드러움, 우익과 좌익, 이 모든 대립적 요소들을 가리켜 어떤 것은 양으로 어떤 것은 음으로 규정하는 건 중요하지 않다. 흔히 남자는 양이고 여자는 음, 단단한 것은 양이고 부드러운 것은 음이라고 하는데, 이런 것은 단편적인 인식이다. 난 그런 인식에 동의하지 않는다. 우주에는 이런 개념이 존재하지 않는다. 얼마든지 바뀔 수 있는 개념이고 거꾸로 될 수 있다. 무엇이 음이고 무엇이 양이냐가 중요한 게 아니라 그것들이 서로 대립적인 존재라는 것, 하나가 있어야 나머지 하나도 존재할 수 있는 개념이라는 것이 중요하다."

계수(壬癸水), 지지 해자축(亥子丑)이다. 본래 자연은 木→火→金→水, 즉 아침
→낮→저녁→밤, 그리고 봄→여름→가을→겨울로 진행되지만 〈괴물〉에 등장
하는 인물들의 순환 배열 과정으로 보면 金→火→水→木으로 되어 순리가 깨
지고 있다. 특히 전반부 두 단계의 진행에서 金과 火의 부딪힘이 극심한데, 이
를 생산적으로 본다면 木에서 火를 거치며 시간 순서를 지키고 지나온 다음
열매처럼 金이 발현되는 금화교역(金火交易)이란 결과에 이를 테지만, 시작을
金으로 세팅해 놓고 반대 방향인 火로 진행하니 인위적인 〈괴물〉의 과정은 순
리가 역행하고 만다. 그런 관계에서는 파열음이 발생할 수밖에 없고 흐름 또한
결코 순탄할 수가 없다. 캐릭터의 분열은 이러한 구조적 장치에서 나온다.

　　　　두 번째와 세 번째 단계에서는 기호만으로도 명확하게 물불이 부딪
히는 모양새가 보이는 것처럼 火와 水의 관계가 진행되고 있다. 호리 선생님
의 진실을 저지하는 교장 선생님, 그녀의 마음속은 도무지 알 수가 없다. 일본
사회의 어른으로서 질서를 무너뜨리지 않는 사회조직 유지가 우선이라는 신념
을 가진 듯 보이지만 마트에서 자신이 보살펴야 할 초등학생 여자아이의 발을
걸어 넘어뜨리는 행위는 인간성의 측면에서 지독한 모순이다. 그런데 그녀의
코드를 水로 치환하여 바라보면 해독이 된다. 水는 음양으로 구분할 때 천간
임계(壬癸)이다. 임(壬)은 양기(陽氣)를 나타내고 계(癸)는 음기(陰氣)를 표현하는
코드이지만 둘의 활동 양상을 보면 임(壬)이 어둡고 계(癸)가 밝다. 교장 선생님
의 알 수 없는 성격과 이유 없는 행위는 다분히 임수(壬水)의 기질로, 바다에 깊
이 들어가면 갈수록 더욱 어두워지듯이 눈으로 파악되지 않는 성향을 지닌 인
물에게 水가 적용된다.

　　　　임수(壬水)인 교장 선생님은 청년기의 호리 선생님을 제압할 수 있

다. 청년기의 코드는 병정화(丙丁火)로 병(丙)은 양기(陽氣)를, 정(丁)은 음기(陰氣)를 띤다. 오행(五行)의 관계에서 임(壬)이 병(丙)을 보면 제압하려 들지만, 정(丁)을 만나면 서로가 이끌린다. 그러므로 호리 선생님은 병화(丙火)를 메인 코드로 가진 인물이라 보여진다. 병(丙)은 확산을, 정(丁)은 수렴을 표상한다. 호리 선생님이 처한 행위의 파급효과가 자신이 원치 않는 방향으로 자꾸만 확산해 나가며 종래는 걷잡을 수 없는 국면에 처하는 것을 보면 그의 코드는 병(丙)이 확실하다. 그래야 임수(壬水)인 교장 선생님 앞에서 꼼짝 못 하는 관계 설정이 논리적이다. 이와 같은 논리의 연장선에 어머니 사오리를 견주어 보면 그녀가 경신금(庚辛金) 중에 경(庚)일 것이란 사실이 명백해진다. 병(丙)은 신(辛)과 합(合)이 들기 때문에 서로 정면으로 부딪히지 않기 때문이다.

3. 숨겨진 피라미드 구조로 인간의 본성에 접근하는 연출력

영화 〈괴물〉은 3막 구조로 짜여져 있다. 어머니, 호리, 교장 선생님, 그리고 미나토를 주축으로 각각의 입장에서 바라보는 세상을 그리고 있는데 막상 구조를 따져보면 3막이다. 교장 선생님의 챕터가 어머니, 호리, 미나토만큼 주어지지 않았다. 손녀를 차로 치어 유치장에 들어가 있는 남편을 면회하는 장면은 한 챕터로 비중을 두기엔 너무 소박하다. 연극에서 막과 막을 연결하기 위해 쉬는 시간 잠시 본 연극과는 별도로 조연 중 누가 나와서 입담을 자랑하고 물러나는 콩트 시간 같기도 하다. 르네상스 시대 연극의 인테르메찌(Intermedi)를 염두에 두고 구성한 장면 같기도 하다. 이미 이 영화는 1막과 2막을 타고 흘러나오는 동안 타인의 입을 통해 얼핏 들린 근거 없는 이야기로 인해 시간이 갈수록 오해가 쌓일 대로 쌓였기 때문에 굳이 교장 선생님의 남편을 반드시 등장시켜야 할 적합성이 없다. 그럼에도 교장 선생님이란 존재를 내러티브 전반에 스며들도록 의도하기 위해 면회 장면으로 비중을 부여했다. 이 과정에서 1막과 2막의 핵심 조연이었던 교장 선생님은 전위적인 벡터로서의 방향성을 갖는다.[3]

　　교장 선생님과 미나토가 음악실에서 호른과 트롬본을 함께 부는 장면은 이미 계절의 한 영역과 방위의 한 축을 획득한 교장 선생님이 주인공 미나토와 대등하게 부상하는 것을 암시하기에 의미심장하다. 비중 있는 하나의 막을 부여받진 못하였으나 영화 전반에 산발적으로 흩어져 있다가 마침내 미나토와 함께 음악실에서 방점을 찍는 교장 선생님의 영화적 입지를 인정한다면 〈괴물〉의 인물 구조는 정사각형의 형태로 드러난다. 정사각형은 사계절과 네 방위에 대입될 수 있는 피라미드 구조의 밑면을 이루는 도형으로, 그 기반 위에 메인 캐릭터 네 사람은 삼각뿔처럼 자라나 영화가 정점에 이를 땐 꼭대기의 한 점으로 수렴된다. 그 하나의 꼭짓점이 생성될 수 있는 가능성을 열어둔 시나리오 작법 상의 품격은 바로 피라미드 구조로 고안된 캐릭터에서 유래한다. 꼭짓점에 이르면 그 영향력이 아래 사방으로 골고루 흘러내릴 수 있다. 水와 木의 접점에서 인간의 동물성이 긍정 효과를 싹 틔우고, 호른과 트롬본 소

3　크리스티앙 메츠, 앞의 책, pp.335~337. 전위는 광범위한 개념으로 한 지점에 위치시킬 수 있으면서도 다른 지점으로의 여정이란 미끄러짐 현상을 갖는데, 에너지와 관련된 가설의 표현으로서 무언가를 통과시키는 태도에 해당한다. 한 아이디어로, 한 이미지에서 다른 이미지로, 한 행위에서 다른 행위로 넘어가는 태도이다. 전위의 1차 과정은 편향적이어서 매번 진행될 때마다 이용 가능한 에너지 전체를 이동시키고, 2차 과정은 단지 제한되고 통제된 책임 부담의 양만 이동시킨다.

리는 막간을 연결하는 동시성을 획득하기에 그 싹은 아마도 곧 火와 金에도 영향을 끼칠 것이다.

　　　　한편 교장 선생님과 미나토의 인간적인 접점은 아이러니하게도 '거짓말'이다. 어머니와 호리 선생님의 충돌은 미나토의 거짓말에서 비롯되었으나 그 거짓말을 다른 거짓말로 감싸며 쌍방 위안이란 독특한 화해에 이르기에 교장 선생님과 미나토는 명리학적으로 상생(相生) 관계가 되었다. 즉 수생목(水生木)의 코드로 겨울에서 봄으로 또는 밤에서 아침으로 순리에 따른 수순으로 넘어가는 자연성으로 회귀한다. 두 캐릭터의 쌍방 투영은 〈괴물〉의 특이점이다. 어머니는 미나토를 이해하지 못 하는 입장에서 진전이 없기 때문에 금극목(金剋木) 상극(相剋) 관계에 머물며 서로가 반대편에서 자라나는 피라미드의 삼각뿔의 모양새를 가진다. 이와 유사하게 호리 선생님과 교장 선생님도 여름과 겨울, 낮과 밤이란 방향성을 가지고 서로 반대쪽으로 고개를 들고 있는 형상이다.

　　　　외형상의 3막 구조가 내면적인 4막을 구현하는 시나리오 작법 상의 특이점이 영화 〈괴물〉의 수준을 한 단계 더 높인다. 노년기 水 기운의 호른과 유년기 木 기운의 트롬본이 특정한 음계가 없이 공기압만으로 소리를 뿜어내므로 앞서 1막과 2막의 끝(원형으로 되돌아간 동일 시점)에서 소리로만 들었던 대상에 대한 놀라움이 발생한다. 도시의 전경이 펼쳐진 와이드앵글에서 들렸던 두 악기의 소리는 마치 동물의 울음소리 같았다. 어디선가 울부짖는 야생의 괴물체를 연상하게 되기도 했다. 어떻게 들렸건 간에 그 소리는 원초적인 동물성의 파동 현상이었다는 점에는 의심의 여지가 없다. 이렇게 악기 소리를 통한 동물성의 율동은 영화 속 캐릭터들의 삶을 상징한다. 몸속 깊숙한 곳 어느 뒤틀린 장기에서 솟구치는 것 같은 고독한 동물의 울음이다. 개체적으로 살아가는 각각의 동물들은 말로 치환할 수 없는 자신만의 울음을 몸속 어딘가에 숨기고 있다. 그 울음이 있는 그대로 바깥으로 뿜어져 나올 때, 대기를 흔드는 그 파동은 동물로 치환된 인간성의 일면을 표현하는 것이다. 그러므로 1막의 서두에서 미나토가 "돼지의 뇌를 이식한 사람은 돼지인가 인간인가?"라는 말을 던졌을 때 다소 뜬금없이 들렸던 의문이 어느 정도 풀리게 된다. 일견 동물과 인간 사이에 경계의 선을 긋는 듯한 그 발언은 사실상 인간에게 내포된 동물성에 대한 우회적인 표현이다. 즉 영화 〈괴물〉이 암시하는 인간성은 '있는 그대로의 감정적 소리 발화'라는 표현에 의해 본질적으로 동물성과 합치한다.

4. 유년기의 인간성, 인간 고유의 본성 찾기

교장 선생님과 미나토의 만남에서 보았듯이 水에서 木으로 흐르는 기운은 만물을 소생시키며 생명 있는 것들을 움직이게 한다. 수생목(水生木)이 없다면 세상은 존재하지 않는다. 임수(壬水)는 갑목(甲木)을 키운다. 그러므로 미나토의 코드는 갑목(甲木)이다. 그러고 보니 메인 캐릭터들의 코드는 모두가 양기(陽氣)로만 되어 있다. 본래 우주에서는 음양이 교차하면서 오행 분화가 일어나고 만물이 발생하는 법인데 〈괴물〉은 양기(陽氣)로만 관계성을 맺으니 갈등과 소멸 방향으로 나아가는 인간 세상의 코드 구성인 셈이다. 이 영화가 자연적 순리를 얻기 위해서는 음기(陰氣)가 필요하다. 음양의 조화에 대해 명리학자 김학목 선생은 이렇게 말한다. "천간이 맞은편에 있는 것과 합하여 상생하며 순환하는 것은 태극에서 음과 양이 서로 반대로 움직이는 것과 연관시켜 생각해야 한다. 곧 하늘의 기운으로 볼 때, 태극의 음과 양이 서로 반대쪽으로 움직이며 회전하는 까닭은 모든 천간이 서로 맞은편에 있는 천간과 합을 하여 상생하며 움직이기 때문이다. 태극에서 木, 火, 金, 水로 분출과 수렴을 하는 것과 마찬가지로 각 천간의 합도 동일하게 변화한다."[4]

　　그렇다면 누군가가 나타나 기(氣)의 흐름을 반대쪽으로 이끄는 역할을 해 주어야만 이 영화가 자연 상태로의 제 자리를 찾을 수 있다는 셈인데, 바로 그 수행자가 미나토의 작은 친구인 호시카와 요리이다. 1막에서 어머니의 시점으로 보게 되는 미나토는 갑자기 이상한 아이로 변해버렸다. 어른의 세계, 즉 金의 입장에서는 이 변화를 이해하기가 어렵다. 어른들은 대체로 이 세상에서 팩트만 따진다. 원인과 결과에 대한 현실적인 인과적 판단에 지나치게 경도되어 있다. 어떤 일의 발생에 대해 잘잘못을 따지고 드는 것 또한 지나치게 당연하다고 생각한다. 그러니 어머니 사오리가 학교에 찾아가 우리 애를 때렸냐 안 때렸냐 그 팩트만을 추궁하고 있는 것이다. 유년기에 발생하는 자연적인 인간의 속성을 잊은 지 오래다. 미나토의 내부에서 발생한 무형의 마음은 어머니에게 포착되지 않는다. 미나토의 변화는 인간성의 회복이란 치유 과정을 밟는 것과 일치한다. 金의 세계에서 설정한 '인위적인 인간성'이 아닌 본래 인간 그대로의 순수성 획득을 향한 치유 과정이다. 이 영화 〈괴물〉에서 유년기를 상징하는 木 코드는 다른 코드와 달리 양기(陽氣)에 음기(陰氣)가 더해져 나타나는데, 호시카와 요리가 바로 그 음(陰)의 표상이다.

4　김학목, 『명리명강』, 판미동, 2016, p.95.

　　목기(木氣)의 천간은 갑(甲)과 을(乙)이므로 '미나토=갑목(甲木), 요리
=을목(乙木)'이란 등식이 성립한다.[5] 이 관계의 등식은 청년기 火의 관계성으로
표현된 호리 선생님과 그의 여자친구와는 결이 전혀 다르고, 어머니 사오리뿐
만 아니라 학교 선생님들과 요리 아버지에게서 보이는 것처럼 어른의 세계인
金의 관계성과는 외계 행성 마냥 판이하게 다르다. 또한 노년기 水를 표상한
교장 선생님과 그녀의 남편은 실제로 누가 차를 몰다가 손녀를 친 것인지 직
설적인 발화 없이 인생을 감춘다. 지나치게 이성적이고 영민해서 교도소 수감
조차 현실적인 득실의 판단에 따른 것이란 소문이 돌 정도이다. 그녀가 미나토
의 거짓말과 자신의 거짓말을 동일 선상에 올려 공감력을 발휘한 행위도 水라
는 코드의 노련함에서 비롯된 '사회적 인간의 의도'인 셈이다.[6] 이렇게 극중 캐
릭터들은 미나토와 요리를 제외한 나머지에서 자연 상태에 입각한 음양의 조
화를 발견하기가 어렵다. 청년기, 장년기, 노년기 모두가 각자의 구획 안에서
한통속으로 보인다. 즉 기(氣)가 한 방향으로만 휩쓸려 가고 있는 것이다. 그러
므로 이 영화 〈괴물〉은 목기(木氣) 음양의 조화로 인해 유년기의 꿈을 실현하는
영화가 된다. 또한 유년기의 순수성 회복을 통해 인생 전반이 구원을 받는 영
화가 되고 있다. 을목(乙木) 역할의 호시카와 요리는 그 자체로 식물성 인간이
어서 대다수 동물성 인간 유형들 속에서 아주 요긴한 중화작용을 수행해 낸다.
유년기의 공간인 폐기차 안에서 요리가 미나토를 안으려 했던 행위는 결코 동

5　김철주,『사주 명리 완전정복』, 문원북, 2014, pp.427~432. 甲과 乙이 함께 있는 형국을 '등라계갑(藤蘿繫
甲)이라 한다. 넝쿨 식물이 소나무를 타고 오르는 형상에서 비롯되었다. 특히 寅月의 甲은 乙을 잘 이끌어주어
서로가 큰 힘이 된다. 봄 또는 유년기를 상징하는 木氣가 음양의 조화로 현실적인 능력을 발휘한다.

6　백영관,『四柱精說』, 명문당, 2002, p.43. "水, 방각은 北, 계절은 겨울, 하루로 치면 밤이고 氣는 死氣이며,
색은 黑이고 성질은 智이다."

성애 코드가 아니다. 갑을(甲乙) 관계의 등라계갑으로 파악해야 요리의 마음을 진정으로 이해할 수 있다. 소박하게는 甲에게 본능적으로 이끌리는 마음이지만 봄의 음기(陰氣)는 갑(甲)을 타고 계수(癸水)의 발화를 도우므로 땅 전체에 미치는 그의 영향력이 상당하다. 미나토와 요리가 숲속에 또는 흙길에 그들의 둥지를 튼 까닭도 음양의 조화로 땅 전체에 본래로의 회귀를 부여하려는 무의식적 작용이 깔린 것으로 해석할 수 있다.

      호시카와 요리의 식물성은 극중에서 그가 식물의 이름을 잘 아는 한 장면에서 증거를 찾을 수 있다. 그리고 앞서 트롬본을 부는 미나토에게서 동물의 울음이 발화되는 것을 포착했기 때문에 돼지가 인간이고 인간이 돼지일 개연성이 상승했지만, 그것보다 그 표현은 기본적으로 인간 속에 내재한 동물성의 표출을 이끌기 위한 연출적 포인트인 것 같다. 돌이켜 보면 1막에서 어머니 사오리가 교장 선생님에게 인간의 마음이 있는지 추궁했을 때 "인간인지 아닌지 하는 질문 말인가요? 인간입니다"라는 변명 같은 속내가 자신이나 어머니나 인간이지만 아닌 것도 같은 '인간 내재형 동물성 의식'이 다분히 예술적으로 함축된 유사 증거물로 보인다.[7]

      요리의 집을 찾아간 어머니 사오리에게 부탁도 안 했는데 불쑥 물 한 컵을 건넨 요리의 행위는 이 영화에서 물의 중요성을 암시한다. 이는 미나토가 숲에서 물로 불을 끄는 행위와 연결되며, 영화 전반으로 보아 처음에 걸

---

7   이정하, 『몽타주』, 문학과지성사, 2022, p.431. "예술적 창조는 은밀하고 사교적인 생산 형태를 넘어서는 좀더 적극적이고 때로 전복적인, 현실에 대한, 현실을 향한 실천적 행위이다. 예술의 진정한 역량은 그 감각적 형식을 통해 감각의 조건 자체를 근본적으로 질문하는 데 있기 때문이다." 위에 예시된 '인간입니다'라는 대답은 인간의 입으로 말하기에 어색하고 비일상적이며 뭔가 막다른 코너에 몰려 있다는 느낌이 강하여 인간에 대한 근본적인 사유를 촉발하고 있다.

스바가 있는 건물에 불이 나면서 시작된 혼란을 물로 다스리는 결과에 이른다. 따라서 만물을 살리는 수생목(水生木)은 영화 〈괴물〉의 핵심 사상으로, 학교의 이지메와 가정 폭력에 시달리면서도 푸릇한 항상성을 유지하고 있는 을목(乙木) 요리에게서 땅의 원기 회복과 인간의 꿈이 간직되는 미래가 희망적으로 포착된다. 가장 약하고 낮은 위치에서 봄의 기운처럼 세상에 펼쳐지는 '인간성의 기적'을 발견할 수 있다.

참고문헌

강 헌, 『命理』, 돌베개, 2015
김학목, 『명리명강』, 판미동, 2016
김철주, 『사주 명리 완전정복』, 문원북, 2014
백영관, 『四柱精說』, 명문당, 2002
이정하, 『몽타주』, 문학과지성사, 2022
크리스티앙 메츠, 『상상적 기표』, 문학과지성사, 2012

〈스파이의 아내〉와 불안한 진실

1. 영화 속의 영화, 개인과 집단의 목적

고베(神戸)에서 무역회사를 운영하는 후쿠하라 유사쿠(福原優作)는 사업상 영국과의 거래 비중이 높아서인지 서양풍의 호화로운 집에서 아내와 함께 살고 있다. 집사와 가정부는 있지만 아이는 없고, 취미로 9.5mm 필름의 영화를 찍기도 하는 부유한 자본가이다. 이따금 그는 후쿠하라 물산(福原物産)에서 영어 통번역 업무를 담당하고 있는 조카 타케시타 후미오(竹下文雄)에게 남자 주인공을, 아내인 후쿠하라 사토코(福原聰子)에게는 여자 주인공을 맡겨 가족끼리 여가를 즐기는 용도로 소위 영화놀이를 일삼는다. 연말 망년회 같은 특별한 날에 회사 직원들을 관객으로 직접 제작한 영화를 상영하며 이웃에게 열려 있는 취미를 즐기기도 한다. 조카는 멋지고 아내는 미녀이다.

1940년(昭和十五年) 연말의 상영작은 누아르풍의 짧고 유치한 흑백 영화지만 촬영과 조명, 영사기와 스크린 등 영화제작 프로세스에 필요한 구색

을 갖추어 영화 속의 영화 기능을 하고 있다. 상영 중 영화 속 아내 사토코의
가면이 벗겨져 민낯이 드러나는 장면에서는 그녀의 미모에 탄성이 터져 나온
다. 아오이 유우(蒼井優)가 연기한 사토코(聰子)는 흑백필름 속에서 가면으로 얼
굴을 가리고 어둠을 틈타 금고를 몰래 여는 스파이 역을 수행한다. 소품으로
사용한 금고는 회사 창고에서 실제 사용하고 있는 것으로, 이때 사토코는 금고
의 비밀번호를 외우게 된다. 그리고 그 비밀번호가 흑백영화 바깥의 본 영화인
〈스파이의 아내〉가 고조된 긴장을 응축한 장면에서 사토코가 금고를 여는 데
그대로 사용되므로 서스펜스가 작동한다. 영화 속 사토코(극중 이름 유리코)는 스
파이로서의 정체가 들켜 사랑하는 남자의 총에 맞아 죽는다. 개인적 애정 관계
와 공공적 임무 수행이 얽혀 비극으로 끝난다. 유리코에게 무엇을 위해 스파이
행위를 저질렀는가 묻는다면 사토코가 나중에 사랑 때문이라고 답하게 될 것
이다. 사랑이 곧 행복이라 여기므로 행복하기 위해서라고 바꿔 말할 수 있다.

　　　　1940년 후쿠하라 물산(福原物産) 연말 망년회에 앞서 후쿠하라 유
사쿠(福原優作)는 조카인 타케시타 후미오(竹下文雄)와 함께 만주에서 사업차 약
한 달 반가량 머물러야 했다. 애초에는 한 달 머물 예정이었으나 도중에 아내
인 사토코에게 전보를 부쳐 무슨 일이 생겼는지 설명 없이 2주 더 머물게 되었
다고 알려왔다. 전보에 찍힌 소인(消印) 날짜는 소화 15년(1940년) 9월 29일이
었다. 만주로 떠나던 날 조카 후미오는 제2 고베항의 군인들이 불심 검문과 수
화물 검사를 지시받는 삼엄한 시대적 분위기 속에서도 촬영 장비를 챙겨 가는
삼촌의 만주 출장 계획에 영화제작이 포함된 것으로 짐작되어 자신의 만주 장
면 역할에 은근 기대를 보였다. 배역은 소련 스파이. 이는 물론 들뜬 기분의 후
미오가 지레 던진 말이지만 귀국 후 펼쳐질 진짜 스파이 역할에 대한 암시였다.

더불어 흑백영화 속 스파이 유리코와 같은 입장에 처하게 되어 비록 극 중이지만 사랑하는 사람과 의기투합할 수 있게 되었다는 안심의 표현이었다. 만주에서 파트너 없이 홀로 보충 촬영을 하게 되더라도 완성된 영화 속 삶의 스토리는 더욱 풍성해질 것이며 행복한 결말을 기대하기에 무리가 없을 것 같다. 유사쿠, 사토코, 후미오로 대표되는 역사 속의 개별 인생은 그들을 둘러싼 국제 정세와 정치적 성격의 변화에도 이 땅에 존재하는 이유가 명확하다. 자신이 하고 싶은 일을 하며 사랑하는 사람과 함께 행복을 누리고 싶은 것이다. 현대 자본주의의 관점으로 다른 시대의 행복론을 언급하자면 많은 예증이 필요하겠지만, 지구 환경 테두리 안에서 개인별 삶의 지향점은 시간대와 지역 공간에 상관없이 그리 달라 보이지 않는다.

하지만 어쩐 일인지 만주 출장에서 귀국한 이후 남편과 조카 두 사람은 전과 다르다. 변화의 조짐은 이미 유사쿠의 말 속에 있었다. 만주로 떠나기 한 달 전, 걱정하는 사토코를 안정시키며 '노몬한 사건(Battles of Khalkhin Gol, 1939)'으로 지금 만주가 불안정해도, 더 위험해지기 전에 대륙이 보고 싶다는 의지를 드러냈다. 그리고 노자키 교수(野崎医師)가 연구용 약품을 당부했다는 사실도 알렸다. 서양식 집이라는 개인용의 안락한 세상에서 1940년이란 시점의 혹독한 외부 집단의 현실로 뛰쳐나온 것이다. 바깥세상은 끔찍한 전쟁으로, 그리고 참혹한 인권유린으로 인간성의 밑바닥을 드러내고 있었다. 출장 이후 두 사람의 존재 목적은 개인에서 집단 쪽으로 급격히 기울어졌다. 연말 망년회에서 상영된 그들의 영화놀이 최종 결과물에는 만주 신경(新京)의 번화한 거리 부감과 생체 실험에 사용된 건물의 외관, 이 두 컷이 삽입되어 있다. 관객들은 그저 공간적인 배경 화면이겠거니 지나쳤을 뿐이다.

2. 현실 인식 차이, 볼 수 있는 자와 보고도 모르는 자

유사쿠에 의하면 만주에서 9.5mm 필름에 담아온 희대의 생체 실험 만행은 관동군이 촬영해 두었던 기록 필름을 재촬영한 것이라고 한다. 원본 필름 제공자인 쿠사카베 히로코(草壁弘子)라는 여자는 일시 귀국 이후 세균 실험이 기록된 노트와 복사 필름을 가지고 미국으로 건너가 세계만방에 이 참혹한 실상을 폭로할 예정이었으나, 잠시 머물던 아리마(有馬)의 타치바나 여관(たちばな 旅館)에서 갑자기 살해당하고 만다. 히로코는 간호사였고, 군의관의 내연녀였다. 그녀가 신경(新京) 인근 관동군 연구소로 향하는 길에 산을 이룬 시체 더미의 원인, 즉 흑사병의 원인이 관동군의 세균 무기라고 전했다. 군의관은, 세균을 일부러 퍼뜨려 생체 실험을 비밀리에 진행하고 있는 실상을 외부에 폭로하려다 발각되어 처형되었다. 이제 유사쿠가 직접 미국에 가서 이 사실을 알리게 되면 (일본을 패망으로 이끌) 미국이 참전하게 될 것이지만, 그렇게 되더라도 자신의 존재는 특정 국가에 얽매이지 않는 코스모폴리탄이므로 결코 매국노가 되지 않는다는 논리를 표명한다.

앞서 1940년 9월 27일의 라디오 방송에서는 고노에 수상의 담화를 전파했다. 일본, 독일, 이탈리아는 베를린에서 삼국 조약을 체결하고 세계 신질서의 깃발 아래 단단히 팔짱을 꼈다고 했다. 명주실 매입차 일본에 왔던 사업 파트너 영국인 존 피츠제럴드 드러먼드는 스파이 혐의를 받고 당시의 국제 조계지인 상하이로 떠났다. 영국과 미국을 비롯한 연합국들은 이제 전쟁의 상대편, 즉 적으로 되었다. 만약 그쪽 편에 선다면 곧바로 스파이다. 코스모폴리탄은 개인의 신념일 뿐, 전쟁을 눈앞에 둔 일본에서는 적과 다름없어 발붙일 곳이 없다. 유사쿠가 미국으로의 망명을 결심하자 사토코는 즉각 스파이의 아내가 된다.

당시 일본제국의 실세인 군부를 외관상으로 대표하는 인물이 있다. 사토코의 어릴 적 친구인 고베 헌병 분대장 타이지(津森泰治)이다. 그의 언행은 일관되기 때문에 혹시 뭔가 다른 측면이 있을까 하고 의심해 볼 만한 여지가 전혀 없다. 대일본제국의 군인이란 직업적인 투철한 국가관과 더불어 사토코에 대한 유년시절의 흠모 또한 그대로 간직한 순수성을 보인다. 한번 받아들이면 변질되지 않고 그대로 유지되는 특정 민족 단위의 문화 학습자 같은 모습이다. 유발 하라리의 지적처럼, 사람은 모두 태어날 때부터 특정한 규범과 가치가 지배하고 독특한 정치·경제 제도가 운영되는 역사적 현실에 놓인다.[1] 그곳으로부터 뭐든 당연하다는 듯이 성장하므로 현실이라는 필연성 또한 실체로 받아들이게 되어 앞으로 전혀 다르게 펼쳐질 미래를 상상하기가 실로 어렵다.

역사 공부의 목표는 '과거라는 손아귀에서 벗어나는 것'이다.[2] 안타깝게도 타이지는 팽창하는 군국주의 시절의 일본에서 자란 청년답게 그가 받고 자란 교육의 구현에 충실하다. 국가에 반하는 스파이를 색출하고 고문하며 전시 체제에 발맞춘 사회질서의 확립에 헌신적으로 공헌한다. 몸과 마음이 합일된 상태, 천황과 군부와 자신이 삼위일체가 된 국가 신앙자와 같은 모습이다. 타이지 같은 상태로 인생이 지속되면 시대의 실상을 알 수도 없고 알고 싶

---

1 유발 하라리, 『호모 데우스』, 김명주 옮김, 김영사, 2017, p.91.

2 앞의 책, p.92.

은 마음이 들지도 않는다. 심지어 누군가 진실을 말해도 거짓이라 부인할 것이다. 이는 일본 군부가 심어놓은 단기 교육의 효과라기보다 천 년의 사무라이 역사가 지배 체제의 이념으로 피지배자의 무의식조차 장악해버린 거대한 문화 현상이라 할 수 있다. 군복을 입고 평민 위에 군림하고 있는 타이지는 실상 바로 그 오랜 평민 출신이므로 세상에 대한 주체적 판단과 결정 기능을 이미 상실한 상태이다. 군인들의 거리 행진에 만세를 외치는 고베 시민들과 마찬가지로 이 세상이 어떻게 돌아가고 있는지 모르기는 매한가지다. 그러므로 타이지는 외관상 군부의 모습이지만 본질은 피지배자의 전형이다. 진실을 모르는 자가 자신이 아는 바에 대한 신념이 강할 때 어떠한 강경한 태도를 일관되게 표출하는지를 여실히 보여준다.

3. 무대극 방식, 감춘 역사를 드러내는 아이디어

구로사와 기요시(黒澤淸) 감독은 《Movie Press 2.0》의 오동진 평론가와 비대면으로 진행된 영상 인터뷰에서(2021년 2월 23일 최초 공개) 〈스파이의 아내〉로 처음 시대극에 도전하게 되었다고 밝혔다. 그의 말에 따르면, 시대극에 도전해 보고 싶은 생각은 누구와도 관계를 유지하지 못하는 단절된 개인으로부터 집단의 운명 속으로의 어떤 거대한 얽힘과 확산을 꿈꾸는 것이다.[3] 지금까지 그는 주로 개인 서사 중심의 서스펜스 장르를 토대로 거장의 반열에 올

---

3 《무비프레스2.0》, 구로사와기요시감독인터뷰https://www.youtube.com/watch?v=DWStdabkvWc

랐다. 일본으로 집약된 현대 세계라는 냉랭함 속에서 어디에도 스며들지 못하고 파편화되어 있는 인간 개인의 '고독'이 관심사였다. 영화적으로는 다소 비현실적인 소재를 당연한 듯이 끌어들여 인간 존재의 미스터리를 통한 고도의 심리적인 서스펜스를 창출하는 데 탁월한 업적을 쌓아왔다고 말할 수 있다. 그랬던 그가 시대극에 눈을 돌린 사회적 관계성 확대로의 연출 방향 변화는 주목을 끌기에 충분하다. 일본에서 시대극의 소재로 흔히 차용되는 사무라이 극이 아니라 2차 대전 전야의 군국주의 일본을 향해 정면으로 초점을 맞추고 있기에 더욱 그렇다.

　　　단적으로 이 영화는 전쟁 포로를 대상으로 생체 실험을 벌였던 일본 관동군 731부대의 비인간적, 비인륜적 만행을 폭로하는 데 그 목적이 있다. 영화에 역사성을 부여하기 위해 당시의 영상 자료와 뉴스를 끌어와 현실감의 접촉력을 높이기도 한다. 유사쿠와 사토코가 미국 망명에 의기투합하고 난 뒤 함께 간 극장에서, 야마나카 사다오(中山雄貞)의 〈고우치야마 소슌(俊宗山內河)〉라는 본 영화 상영 전 '사단법인 일본영화사 제작 일본 뉴스'가 나오고 있다. 그 극장판 일본 뉴스에서는, 소화 16년(昭和十六年, 1941年) 7월 26일 프랑스령 인도차이나 공동방위 결정에 이어 7월 27일 일본 정예군을 월남 남부에 증파한다는 마부치 대령의 발표를 내보내고 있다. 후쿠하라 부부가 직면한 역사적 시점이 뉴스로 보도됨으로써 그들의 현실에 대한 제반 상황을 오늘에 실감할 수 있는 것이다. 바로 그해인 1941년 12월 8일 일왕(日王) 히로히토(裕仁)는 '개전의 조칙(開戰の詔勅)'을 공표했다.[4] 감추고 싶은 일본 역사의 순간이다.

4　김 항, 『제국일본의 사상』, 창비, 2015, p.209.

　　구로사와 기요시 감독은 〈스파이의 아내〉에서 영화적으로 가장 중요한 시공간과 극적인 정보 노출을 시각적으로 구현하지 않고 청각에만 의존하는 대화 방식으로 처리한다. 일본 군부의 장악으로 삼엄한 시대 환경이 마치 무대장치처럼 처리되고 있으며, 전시 환경이 배후를 감싸고 있음에도 인물들의 액션은 그리 동적이지 않다. 핵심 사건의 정황은 대부분 대사로 처리되어 관객으로 하여금 환경의 변화에 따른 주요 인물들의 심리적 상태에만 이끌려 들어가도록 유도한다. 카메라 프레임 바깥 공간이 조명으로 처리되기도 하여, 이를테면 전차를 타고 가는 장면에서는 창밖의 거리가 보이지 않아 대화를 나누는 인물에게만 주목할 수밖에 없도록 만드는 것이다. 이러한 연극적인 무대 조성으로 인해 영화의 시각적 이미지는 대폭 삭제될 수 있었다.

　　보이지 않음으로 말미암아 유사쿠와 후미오가 고베에서 배를 타고 부산으로 건너가 그곳에서 만주까지 철로를 이용해 장기간 이동한 경로는 전격 삭제되었다. 만주에서 노자키 교수의 부탁을 들어주기 위해 움직인 행방도 알 수 없고, 히로코를 데리고 고베항까지 들어온 먼 이동 거리에 대한 잔상조차 없다. 생체 실험용 페스트균의 살포하여 무고한 사람들이 죽게 되고, 시체가 산을 이루었다는 참혹한 광경도 모두 유사쿠가 사토코에게 들려준 이야기를 옆에서 따라 듣게 되었을 뿐이다. 만주에서 복사 촬영해 온 9.5mm 필름 속에서 의사복을 입은 사람들이 장기를 꺼내는 수술 집도 장면과 끌려와 묶여 있는 생체 실험요 포로들, 그리고 죽은 사람을 아무렇지도 않게 시체 더미에 던져버리는 끔찍함을 보았으나 실제로 영화 속의 상황은 모두 인물들 간 대화로 전해 들었을 뿐이다. 그러니 우리는 뭔가 확실하게 본 것이 없다. 만주에서 가져온 필름은 복사본이라 했는데 정작 그 원본을 찍을 수 있도록 주선한 히로코는 비명횡사를 해 버렸고, 귀국 후 성격이 완전히 달라져 버린 후미오는 격분으로 만주의 실상에 반응하고 있지만, 그것들 모두 객관적인 사실과 관련이 없다고 부정해 버린다 해도 무방할 정도이다.

복사 필름도 조작일 수 있고 후미오는 개인적인 정서 반응일 수도 있는 것이다. 무엇보다 결정적인 모든 정황이 '말'로 이루어져 단번에 뒤집기도 쉽다. 유사쿠가 사토코에게 자신을 믿으라고 다그칠 때, 그리고 사토코가 믿는다고 다짐을 보일 때, 이런 대화는 전쟁을 지휘하는 일본 정부가 일반 국민에게 천황과 군국주의 정부를 믿으라고 강요하는 것, 그리고 믿을 수밖에 없는 입장이므로 믿는다고 다짐하는 일반 백성의 처지와 서로 비교해 볼 수 있는 것이다. 나중에 사토코가 스스로 더욱 진취적으로 그 믿음에 앞장서는 행위는 전쟁에 솔선수범 앞장서 나가는 황국신민의 행위와 다르지 않다. 국민은 정부를 믿고 따르며 임무 수행에 혼신을 다 한다.

사토코가 가장 행복의 희열에 빠졌던 순간은 아이러니 하게도 유사쿠와 떨어져 샌프란시스코에 도착해야 하는 가혹한 미션을 받은 다음 노자키 교수한테 빌린 오픈카를 타고 남편과 함께 숲길을 질주하는 순간이다. 그토록 남편과 함께 있는 행복을 누리려 했던 사토코가 정의를 향한 최고의 대의명분을 가진 미국행 설득에 행복한 일상에서의 이탈에 따른 개인적인 불안에 떨지만, 남편의 말을 믿기에 오히려 다음 행위는 무한 희열의 분출로 나타난 것이다. 믿는 사람이 던져준 임무이기에 기꺼이 껴안는 모습이다. "당신이 스파이라면 스파이의 아내가 될게요. 그걸로 족해요. 만주에서 운명이 당신을 선택했다면 그건 저까지 선택한 거예요."

사토코의 이 말은 진심이다. 그녀에겐 행복한 인생이 지상과제이다.

어려운 미션을 마치고 나면 남편과 함께 행복한 삶을 누릴 수 있다. 천황의 명을 받들면서 희열의 감정에 북받치는 젊은 군인을 연상시킨다. 그러나 사토코는 밀항이 들켜 체포되고, 고베 헌병 분대에서 관동군의 만행을 담은 필름이 상영된다. 미국에 가져가 만인에 폭로하려던 그 증거물인 필름이다. 뜻밖에 그 필름에 담긴 영상은 유사쿠 연출로 조카 후미오와 열연했던 영화놀이 흑백영화였다. 유사쿠가 어느 틈에 편집하여 내용물을 바꾼 것이다. 정황상 사토코의 밀항을 타이지에게 알린 사람도 유사쿠라 명백하게 추측된다. 사토코는 감쪽같이 속았다. 도대체 어떻게 된 일일까? 이러한 속임수가 빠져나갈 통로를 무대극 환경에서 이미 마련해 두었던 것이다. 모든 것이 말로 비롯되었고, 말을 믿어야 했고, 말을 뒤집으면 그만이었다. 천황의 칙령도 말로 되어 있었고 뒤집을 수 있는 것이었다. 눈으로 확인한 믿음의 증거가 단 하나도 없었다.

참고문헌

김 항, 『제국일본의 사상』, 창비, 2015
미나미 히로시, 『일본적 자아』, 서정완 옮김, 소화, 2015
유발 하라리, 『호모 데우스』, 김명주 옮김, 김영사, 2017
재레드 다이아몬드, 『대변동: 위기, 선택, 변화』, 강주헌 옮김, 김영사, 2019

《무비프레스 2.0》, 「구로사와 기요시 감독 인터뷰」
https://www.youtube.com/watch?v=DWStdabkvWc

일본 잔혹영화의 정신적 배경 고찰

1. 들어가며

일본영화에 표현된 신체훼손 장면은 다른 나라의 경우와 견주어 일견 시각적인 차별성이 있다. 개괄적인 관점으로 이 차별성을 언급하자면, 그것은 '칼로 자른다'라는 한 마디로 축약될 수 있다. 그리고 '자른다'는 행위에 담겨진 의미가 다른 나라 영화에서 보다 더 함축적으로 다가온다. 이 점은 일본의 역사적 팩트 이미지이기도 하다. 총이 발명되기 이전에 전쟁 도구로 중추 역할을 담당했던 칼은 세계적으로 공통되는 인류 문명의 소산이지만, 일본에서만큼은 유독 칼의 지배가 오래 두드러졌기 때문이다.[1]

---

[1] 루스 베네딕트, 『국화와 칼』, 김윤식 · 오인석 옮김, 을유문화사, 2008, p.86. 일본은 사무라이가 농 공 상인 위에 군림했던 긴 역사를 가지고 있다. "사무라이가 그들의 특권으로서, 또 카스트의 표시로서 허리에 찬 칼은 단순한 장식이 아니었다. 사무라이는 도쿠가와 시대 이전부터 전통적으로 서민에게 칼을 사용할 수 있는 권한을 가지고 있었다. 이에야스의 법령이, '사무라이에게 무례하게 굴거나 그들의 상관에게 경의를 표하지 않는 서민은 즉석에서 참해도 좋다'고 규정한 것은 이전부터의 관습에 법적 효력을 부여한 것에 지나지 않는다."

1868년 메이지 유신 이후 들어선 신정부는 일본 전국의 모든 사무
라이 칼을 회수하여 칼 소유 금지령을 내렸으나 군국주의로 치닫는 광란의 세
월을 거치면서 오히려 칼이 지배했던 시절의 정신에 대하여 국가의 이념처럼
흠모하는 태도를 취하기도 한다.[2] 사무라이의 칼은 마치 일본 열도 위에 하나
의 거대한 생명처럼 떠 있어 땅에 발을 붙인 모든 일본인을 통제하는 어떤 거
대 이념의 상징처럼 보인다. 칼의 역사는 지금도 여전히 일본인의 가슴 속에
도도히 흐르며 영화에 반영되고 있는 것이다.

물론 영화 속 신체훼손이라는 시각적 표현을 두고 이것이 곧 일본
적 현상이라고 단정적으로 말을 할 수는 없다. 폭력이 수반되는 영화제작에 있
어 시각적 잔혹이라는 영화 촬영 욕구는 전 세계적인 공통 현상의 한 양상으로
써 이미 마니아층이 즐길 만큼 충분히 자리를 잡고 있다.[3] 다만 사람의 몸에 가
하는 훼손적 폭력의 양상이 각 나라마다 고유의 문화적인 배경 하에서 제각각
조금씩 다르게 표출되고 있기 때문에 국가별로 특징 분류가 가능하고 본다. 관
객들은 이를테면 '한국적이다, 미국적이다, 또는 일본적이다'라는 식으로 유사
한 분위기의 장면 간에도 시각적인 차이를 구분 지을 수가 있다. 그러한 차이
의 인식 때문에 영화를 통하여 각 나라 국민의 기질적 속성을 관찰할 수도 있

---

2   박진한, 「무사도의 창안과 현대적 변용-근대 일본의 '국민 도덕' 만들기」,《역사비평》74, 2006, p.362. '국
가에 대한 자기희생과 헌신의 가치를 미화하는 무사도론이 총력전 체제에 접어든 1940년대에 헌신의 도덕
이란 명분으로 재정립된다.'

3   영화 속 신체절단은 슬래셔 무비(Slasher Movies)에서 나타나는 주류 장치이다. 슬래쉬(slash)라는 단
어에서 유래하여 도살영화라 불리는 슬래셔 무비는 신체가 절단되면서 피가 튀는 시각적 실감을 표현하기 위
해 특유의 촬영기법을 개발해 오고 있다. 슬래셔 무비가 B급을 벗어나 작품성을 구비하여 영화사에서 대중
적인 장르영화로 자리매김을 한 것은 토브 후퍼 감독이 연출한〈텍사스 전기톱 학살(The Texas Chain Saw
Massacre)〉(1974)의 공로라고 할 수 있다. 이처럼 슬래쉬의 진원지는 할리우드이며 많은 나라로 확산되었다.

고, 넓게는 전체적인 민족 정서의 토대를 유추해 볼 수도 있을 것이다. 이와 같은 관점으로 일본영화 속의 잔혹한 시각 현상을 투시한다면, 역사적으로 뿐만 아니라 열도의 자연환경과 멀리 신화적인 정황으로까지 연결되는 일본적 이미지를 추론해 낼 수 있지 않을까 한다. 이렇게 본고를 추론으로 접근하는 이유는 같은 주제의 선행연구를 찾아보기 어려운 실정 때문이다. 즉 논리적인 주관성이 불가피하지만 영화를 통한 인문학적 심층 사유에 유의미한 작업이라 판단된다.

따라서 본고의 연구 방법은 잔혹한 장면이 묘사된 개별 영화의 예시와 분석을 통하며 일본에 대한 근본 이미지를 포착하려는 귀납적 추론이다. 창작물이 대개 그렇듯이 잔혹영화 또한 제작 당시의 개인적인 자화상, 전체적인 사회상과 항상 밀접한 관련이 있다. 잔혹성은 정서적 극단이므로 영화 속에서 개인적 내면 심리를 포착하기가 용이하고, 굳이 보여주지 않아도 되는데 보여주려 애쓰는 행위에서 전반적인 미적 취향의 배경을 엿보게 된다. 또한 그와 같은 개인 정서와 전체 사회의 특색 있는 잔혹성 향유 문화는 이미 상상적 잔혹 환경에 푹 젖어 있는, 무의식적이고 무감각한 본성적인 삶의 경향과 맞닿아 있는 것이다. 다시 말해 잔혹성은 일상적으로 완만한 드라마에서는 변별력이 약한 정서 상태의 내면이므로, 잔혹한 장면으로부터 급격히 드러나는 날카로운 감각이야말로 감춰진 의식의 밑바닥을 표면으로 끌어올리기에 적절한 도구이다.

거의 모든 시각적 상상이 표현 가능한 출판 만화와 애니메이션에서는 이미 오랜 동안 가시화할 수 있는 잔혹성의 시도가 행할 대로 행해졌다. 그 여세를 몰아 카메라 촬영의 한계로 인해 시각적 표현에 제약이 따르는 영화에서조차 최대한 실감나게 가시화할 수 있도록 촬영 기술 역량의 한계까지 밀어붙이려 한다.[4] 필요 이상으로 잔혹하게 찍힌 장면과 넘치도록 피로 물든 스크린은, 일본인들이 시각적으로 향유하고 싶은 잔혹성의 뿌리가 어떤 토대 하에서 무엇 때문에 그렇게 형성되었는가를 묻지 않을 수 없도록 만든다. 다시 한번 상기하지만, 영화에서는 장면 상에 신체절단을 군이 보여주지 않아도 얼마든지 더 효과적으로 내러티브의 극적인 전달을 성취해낼 수가 있다. 그럼에도 군이 영화적 특성에 그리 부합하지도 않는 끔찍한 장면을 공들여 촬영해 내려고 애쓰는 것인지, 이는 다각도로 숙고해 봐야 할 일본의 심층과 관련된 문제이다.

2. 신체훼손의 시각화에 대한 경향

본고의 착상은 소노 시온(園子溫) 감독의 〈리얼 술래잡기(リアル鬼ごっこ)〉(2015) 서두에 나타난 신체 절단의 충격으로부터 비롯되었다. 신체 절단을 실감나게 영상으로 표현할 수 있는 기술적 역량은 이미 야마자키 타카시(山崎貴) 감독의 〈기생수(寄生獸)〉(2014)에서 탁월한 비주얼로 만날 수 있었으나, 그 영화는 이와아키 히토시(岩明 均)의 원작만화 이미지에 미치지 못하였다. 똑같이 신체를 절단하는데도 충격적인 비주얼은 〈리얼 술래잡기〉가 단연 압권이었

---

4 유양근, 「디지털 시대 일본영화의 변모-J호러를 중심으로」,《일본학연구》41, 2011, p.42. "일본의 공포영화는 일본의 역사적, 문화적 변화 과정 속에서 일본인과 일본문화의 어두운 면을 다양한 방법으로 전해온 장르이다. 더욱이 애니메이션과 더불어 지금은 일본영화의 대표 주자인 J호러로서 세계적인 호응을 받고 있기도 하다."

다. 〈리얼 술래잡기〉는 오프닝 시퀀스에서 유래 없이 끔찍한 바람의 칼을 보여 준다. 아무런 이유 없이 칼로 돌변하여 날아온 바람은 화창한 날 버스를 타고 소풍가던 여고생들의 몸을 두 동강낸다. 평화로운 여고생들의 재잘거림이 삽시간에 핏빛 공포로 돌변하고, 그 참사의 현장에서 유일하게 살아남은 미츠코(光子)는 계속해서 쫓아오는 칼바람을 가까스로 피하며 있는 힘을 다해 달린다. 일본영화에서 신체가 잘리는 잔혹 표현이 셀 수 없도록 등장해 왔는데도 인간의 싸움에 의한 살인이거나 미치광이의 병적 발작이 아니라 눈에 보이지도 않는 자연현상이 몸을 반 토막 내는 장면은 과히 충격적이다. 이런 설정을 상상할 수 있는 소노 시온 감독은 분명 일본인이다. 사무라이의 칼은 오늘날, 현실에서는 비록 쇠퇴하였으나 스크린 속에서 만큼은 확실하게 진화하였다.

　　　소노 시온이 가진 차별화 지점은 '나'를 찾기 위해 '나'의 육체를 분열과 해체 상태로 몰아가는 시각적인 표현상의 독특한 방식에 있다. 첫째, 허리 부근에서 몸을 반으로 자른다. 둘째, 목을 자른다. 셋째, 머리를 파괴한다. 넷째, 복부를 찌른다. 다섯 째, 나머지 신체 부위를 자르거나 찌른다. 소노 시온이 일본인 전체를 대표할 수는 없겠지만 일본 사회가 낳고 기른 소노 시온이기 때문에 그 개체성이 그곳의 문화적 현상이라고 말할 수 있다. 그의 영화에 담긴 '나'의 정체성은 바로 일본인들의 정신적인 단면이다.

　　　소노 시온뿐만 아니라 일본영화에 있어서 신체훼손 장면의 시각적인 묘사는 상당히 많은 감독이나 제작자가 작정을 하고 카메라에 담는 관행과도 같다. 무의식적으로 이끌리며 절단의 표현 욕구에 사로잡혀 있는 일반적인 습성에 가깝다고도 할 수 있다. 멜로나 가족, 휴먼 드라마 등 일부를 제외하고 공포, 폭력, 전쟁, 심지어는 코믹영화에 이르도록 '자르기'를 수용할 장르

적 연관성이 조금이라도 있는 영화에서라면 신체의 일부가 절단되는 장면을
목격하는 일이란 그리 어렵지 않다.

　　　　오시마 나기사(大島渚) 감독이 〈감각의 제국(愛のコリダ)〉(1976)에서
보여준 엽기적인 신체 절단 행각은 현실에서 실제로 일어난 사건을 재현해내
는 작업이었다.[5] 동시대 마키구치 유우지(牧口雄二)감독의 〈쇼군의 새디즘(德川
女刑罰繪卷 牛裂きの刑)〉(1976)에서는 보다 더 과격하고 역겹게 시각적 충격을 갖
춘 잔인무도한 절단들이 촬영되어 있고, 이후 지속적으로 성장하는 일본식 고
어영화(Gore Movie)들은 B급 영화 시장을 형성하면서 상상을 초월하는 수준으
로 치닫는다. 그러한 잔혹의 시각화 과정 속에서 일본영화의 거장 반열에 오른
미이케 다카시(三池崇史) 감독은 다양한 연출 능력을 보여주며 일본 특유의 절
단 감각을 전 세계에 유포한다. 공포물의 격조를 높인 그의 〈오디션(オーディショ
ン)〉(1999)은 절단의 미학을 거침없이 구가하는 작품으로, 여주인공 시이나 에
이히(椎名英姬)가 읊조리는 '키리 키리(切り 切り)'라는 말이 마치 일본식 신체파
괴의 주문처럼 귀에 맴돌게끔 만든다. 〈이치 더 킬러(殺し屋 1)〉(2001)에서는 발
뒤꿈치에 달린 칼날로 신체를 난도질하고, 〈악의 교전(惡の教典)〉(2012)에 이르
면 멀쩡한 외모의 사이코 패스 고교 교사인 이토 히데아키(伊藤英明)가 한 학급
전체 학생들에게 총기를 난사하며 잔인성의 극을 보여준다. 정통 웰메이드 시
대극인 〈13인의 자객(十三人の刺客)〉(2010)은 정돈된 드라마를 갖추었으나 기본
적으로 목이 떨어져나가는 장면의 시각적 리얼리티를 고수하고 있으며 집단

5　박규태, 「현대 일본영화와 섹슈얼리티-소노 시온의 〈사랑의 죄〉를 중심으로」, 《일본비평》 11, 2014, p.168.
"오시마 나기사의 하드코어 영화 〈감각의 제국〉이 프랑스에서 편집, 공개되었고, 일본에서는 모자이크를 넣
어 상영하게 되었다. '로망 포르노'의 기수라 불렸던 구마시로 다쓰미(神代辰巳) 감독도 이 작품을 보고 충격
을 받았다고 한다."

싸움이 발생하는 장면에서 칼의 난무는 여전히 '자르기' 구현에 충실하다.

저예산 제작물에서도 이런 경향은 역시 두드러진다. 시라이시 코지(白石晃士) 감독의 〈그로테스크(グロテスク)〉(2009)는 칼질하는 일본식 사디즘의 현주소를 보여주는 영화이며, B급 정서를 마음껏 발휘하는 이구치 노보루(井口昇) 감독의 〈머신 걸(The Machine Girl)〉(2008), 〈로보게이샤(RoboGeisha)〉(2009), 〈데드 스시(Dead Sushi)〉(2012) 같은 유치한 엽기성의 킬링타임용 영화들에서도 몸의 일부를 손상시키는 행위는 기본으로 깔린다. 그와 같은 저급한, 소위 B급 영화 계보에서 카지 켄고(梶研吾) 감독의 〈사무라이 프린세스(外道姫)〉(2009), 야마구치 유다이(山口雄大) 감독의 〈데드 볼(Deadball)〉(2011), 츠기타 준(繼田淳) 감독의 〈패션 헬(Horny Of House Horror)〉(2010), 니시무라 요시히로(西村喜廣) 감독의 〈도쿄 잔혹 경찰(東京殘酷警察)〉(2012) 등과 같이 영화의 쾌락적 기능에만 경도되어 장면의 역겨움을 전하려는 목적으로 신체훼손을 가볍게 다루는 비현실적 오락용 영화들이 여전히 멈추지 않고 제작되고 있다. 이에 더하여 나카무라 히로무(中村拓武) 감독의 〈콘크리트(コンクリート)〉(2004) 같은 영화는 저질스러운 B급 정서를 직접적으로 드러내진 않으나, 인체를 유린하는 특유의 병적 증세를 답습하면서 리얼리티 잔혹극의 전통을 가장 유해한 방식으로 물려받고 있다.

평화, 구원, 용기, 순수한 사랑의 메시지를 작품의 주제로 담아내려 노력해 온 미야자키 하야오(宮崎俊) 감독의 애니메이션에서도 플롯에 충실하려는 목적 하에서는 망설이지 않고 신체훼손을 드러내는 장면과 마주친다. 예를 들어 〈원령공주(もののけ姫)〉(1997)의 경우 전쟁으로 사람들이 서로 싸우는 장면 속에서 이야기의 흐름상 필요하다 싶으면 아주 자연스럽게 신체훼손이 부각된

다.[6] 재앙신에 의해 오른팔에 저주의 상처를 입은 아시타카는 활을 쏠 때 시위를 뜻대로 제어하지 못하게 되는데, 그로 인해 그가 쏜 화살에 맞은 사람들은 의도치 않게 팔이 떨어지고 목이 잘려나간다. 저주 걸린 팔의 가공할 파괴력이 전후 맥락 상 자연스럽게 플롯의 흐름으로 수용되어 있는 장면이기 때문에 사실상 끔찍함이 가려진 채 평범하게, 애니메이션에서라면 아무렇지도 않은 일상처럼 전달되고 있다. 하지만 절단에 대하여 시각적으로 명확하게 포착하지 않고 앵글을 피해 간접적으로 보다 완화시켜서 시각적 어필이 전혀 발생하지 않도록 그려낼 수도 있었을 것이다. 미야자키 하야오가 이 정도인데 일본의 영화제작자들이 가진 발상 속에는 대체로 신체 훼손 장면이란 것이 영화 속에서 한번쯤은 보여져야할 당연한 요소로 간주될 수도 있으리라는 짐작이 든다.

전통적 괴담에서 전달되는 공포는 형체가 없거나 끔찍한 형상을 가진 귀신이 사람을 위협하고 공격하는 식이어서 주인공이 대상에 대한 무지 상태에서 느끼는 공포감 그 자체를 관객 입장에서 감각적으로 맞춰가며 즐기면 된다.[7] 플롯과 무관할 경우, 영화 속 공포의 시각적 효과는 대체로 시간이 경과함에 따라 그 감각이 줄어든다. 반면에 신체훼손의 직접 묘사를 활용한 공포는 감각의 경감이 아니라 그 성질이 바뀌어 시간이 갈수록 격한 역겨움으로 변한다. 그런 비주얼을 즐기면서 관람하는 관객이 꾸준히 생겨나고 있기 때문에 산업적으로 제작의 활성화가 가능한 것이다. 일본영화 시장에서 매년 이와 같이

---

6   양은경, 『일본사를 움직인 100인』, 청아출판사, 2012, p.589. "미야자키는 〈원령공주〉에서 그동안 화합과 공존의 결말로 우호적이고 간접적으로 메시지를 전달했던 데 비해 보다 공격적이고 직접적으로 인간에 의한 환경 파괴, 남녀 불평등, 계급 차별, 생명 존중 등에 대한 메시지를 전달했다."

7   이주라, 「식민지시기 괴담의 출현과 쾌락으로서의 공포」, 《한국문학이론과 비평》61, 2013, p.317.

신체훼손을 활용한 역겨운 영화가 지속적으로 만들어지고 있다는 사실은 제작자나 관객이나 그 자체의 즐김을 원한다는 사회적인 현상이므로 그 사회가 밑바닥에 깔고 있는 근원의 정신적인 면모를 파헤쳐 들여다볼 필요가 있다.

일본영화의 B급 잔혹 정서는 이미 세계적으로도 인기가 있어 일부 감독들에게 모방을 열망하게끔 자극하는 영향력을 발휘하기도 한다. 쿠엔틴 타란티노(Quentin Tarantino) 감독이 일본배우를 직접 캐스팅하기조차 했던 〈킬빌(Kill Bill)〉(2003)을 보면, 칼로 머리를 내려찍고 이마를 베는 장면에서 일본식으로 실감나게 촬영하기 위해 심혈을 기울인 흔적이 농후하다. 류승완 감독도 〈짝패〉(2006)에서 다다미방이 안에서 안으로 열리는 식의 일본식 공간 설정과 칼을 들고 집단으로 싸우는 일본 야쿠자 영화 스타일을 적극 도입했다. 하지만 미국과 한국의 두 영화는 다만 그저 유쾌한 미국적 활극주의와 한국형 조폭 분위기의 색깔로 변형되어 나타났을 뿐이다. 원조 일본 잔혹영화와는 확실히 문화적인 감각에서 차이가 난다. 박찬욱 감독 또한 미이케 다카시의 영화 스타일을 표방하여 〈아가씨〉(2016)에서 영화적 플롯과는 별로 상관없이 손가락 자르기를 시도했으나, 그것은 일본 스타일과는 완전히 다른 국적 불명의 감각이었다. 일본영화의 시각적 잔혹에 관한 오리지널 원형은 일본의 역사와 문화에서 우러나오는 특유의 원천을 가지고 있으므로 다른 나라 영화에서 그 본질을 학습하여 모방하기란 사실상 불가능하다.

3. 열도(列島)라는 자연환경에 따른 정신성

할리우드 영화로 일본에서 크게 성공한 영화들 가운데 에드워드 즈윅(Edward Zwick) 감독, 톰 크루즈(Tom Cruise) 주연의 〈라스트 사무라이(The Last Samurai)〉(2003)는 전 세계적 흥행 추세와 상관없이 자국 내 큰 인기를 누렸다.[8] 톰 크루즈의 대중적 인기가 흥행몰이에 한몫을 했을 터이지만, 일본 내에서의 대대적인 성공에는 메이지 유신에 앞장섰으나 신정부의 급박한 서구식 개혁에 마지막 반기를 들게 된 최후의 봉건주의자 사이고 다카모리(西鄕隆盛)를 모델로 그의 영웅적 면모를 조명했던 까닭이 클 것이다.[9]

이 영화의 시작 지점에서 들려오는 내레이션은 일본 신화로 기록되어 전해 내려오는 이야기를 토대로 한다. "일본은 칼로 건국되었다고 한다. 신이 산호의 검을 바다에 담갔다가 다시 꺼내자 물방울이 바다에 떨어져 일본 열도가 되었다는 것이다." 세계의 모든 신화에서 공통적으로 신의 출현이 하늘 또는 바다에서 행해지고 있지만 일본의 경우는 보다 시각적인 영상 이미지가 돋보이며 실물을 바라보는 것처럼 선명하다. 약 7천 개에 달하는 섬들의 총합으로 형성된 일본의 국토가[10] 물방울이 튀면서 점점이 흩어지는 황홀한 시각

8   시마조노 스스무, 『일본인의 사생관을 읽다』, 배관문 옮김, 청년사, 2015, p.103. "2003년에 개봉된 미국 뉴질랜드 일본의 합작영화 〈라스트 사무라이〉는 일본에서 1,410만 명 관객을 동원하여 2004년 최고 흥행 성적을 거두었다."

9   박진한, 앞의 글, p.354.

10   유홍준, 『나의 문화유산답사기-일본편1 규슈』, 창비, 2013, p.323. "일본은 전형적인 섬나라로 혼슈(本州), 홋카이도(北海島), 규슈(九州), 시코쿠(四國) 등 4개의 큰 섬과 약 7천개의 작은 섬으로 이루어져 있다. 전체면적은 약 38만 평방킬로미터로 한반도의 1.7배이며 인구는 1억 3천만 명으로 남북한 인구의 거의 2배이다. 일본 열도는 긴 대신 폭이 좁아 넓은 평야가 없다. 산은 높고 가팔라서 하천은 대부분 짧고 유속이 빠르다.

효과로 탄생함으로써 신으로부터 부여받은 열도의 권위와 정당성, 그리고 그 외형적인 모양새와 부합하는 성과를 얻는다.

〈라스트 사무라이〉에 표현된 내용은 일본을 바라보는 할리우드 영화의 입장, 즉 서구 세계의 관점이다. 먼 나라 일본에 대하여 신비로운 마음을 감출 수 없다. 서양에 대한 동경이 남다르게 강한 일본인들의 성향으로는 이러한 서구적 견해를 역으로 받아들여 자신들의 소유물로 삼을 수 있다.[11] 특히 패전으로 인해 전승국인 미국에 대한 숭배와 미국적인 풍속으로의 동일화가 진행된 이래 일반적으로 서구라는 해외로부터의 권위 앞에서는 약한 모습을 보이며 어쩔 수 없이 서양을 추종하게 되는 경향이 지금까지도 계속되고 있다.[12] 따라서 일본에 대한 서구의 견해는 마치 학생이 선생의 평가에 수긍하듯 일본 자신의 것으로 수용된다.

〈라스트 사무라이〉에 표현된 열도 탄생의 이미지를 시간적으로 조금 더 연장해서 상상해 보면, 큰 물방울이 하나 떨어지자 주변의 물들이 그 다음으로 일어나 파편처럼 공중으로 튀는 순간이 생기고 다시 가라앉으며 크기가 제각각인 섬들로 안착한다. 일본 열도 가운데 대표적인 섬인 혼슈가 바로 큰 물방울과 이미지 상으로 연결된다. 홋카이도, 규슈, 시코쿠는 그 다음으로

3,776미터의 후지산(富士山)을 비롯해 2,000미터가 넘는 산이 무려 500개가 넘는다."

11 미나미 히로시, 『일본적 자아』, 서정완 옮김, 소화, 2015, p.119. "메이지 이래, 문명개화정책에 의한 '서양은 우월하고 일본은 열등하다'는 우열에 의한 서열의식은 오늘날까지 뿌리 깊은 '서양 콤플렉스', 서양 숭배의 경향으로 이어지고 있다." 일본인에게는 잘 모르는 상대에 대한 탐색 심리가 내재하고, 상대가 우월한 것으로 판단되면 스스로 자조와 자숙, 그리고 참회란 심리적 방어기제를 작동한다. 개화 당시 우월한 상대로 판단된 서양인들의 눈에 일본인 자신이 어떻게 보였을까 우려하며 '서양으로부터의 비판에 대해서 자기의 가치를 필요 이상으로 낮게 평가하는 태도'를 보였다.

12 미나미 히로시, 앞의 책, p.122.

큰 물방울들이 튀어서 생성된 섬들이고 나머지 많은 섬들은 다음 차례로 진행
된 여파에서 튀어나간 자잘한 파편들의 흔적이다. 들어 올린 칼에 묻은 물이
흘러내려와 뚝뚝 떨어지는 광경을 선명하게 연상할 수 있다.

　　　　　1853년 미국의 페리 함대가 개항을 요구하기 전까지 가마쿠라 막
부(1192~1333) 등극 이래 무려 거의 700년 동안이나 칼을 찬 사무라이가 역사
의 주역으로 존재했던 극동의 섬나라였으니[13], 서구인의 눈에는 머나먼 미지의
일본에 대한 신비로운 이미지가 '물'과 '칼'이란 두 개의 대표적인 이미지로 윤
색되어 새겨질 법하다. 그들이 비행기를 타고 먼 길을 날아와 섬으로 흩어져
있는 일본 열도를 하늘에서 훑어 내려다본다고 가정하면, 물길이 땅 사이로 파
고들어와 여러 갈래 조각으로 갈라놓은 것과 같이 보일 수도 있다. 물이 칼로
되어 일본 국토의 몸통을 크고 작은 토막으로 잘라놓은 형상일 것이다. 칼로
잘라진 땅의 모양새는 국가 정체성 하에 전체가 부분들의 합으로만 존재한다.
낱개로 떨어져나간 섬들은 각기 독자적인 개별성을 지니면서도 전체 속으로
연결되거나 포함될 때라야 비로소 온전히 제 본질을 파악할 수 있다. 섬으로서
의 고립과 국가로서의 합일을 동시에 충족시켜야만 안정을 취할 수 있는 구조
적 이원성이 국토 자체에 생성되어 있다. 이러한 지리와 환경의 특이성을 들여
다볼 줄 알아야만 일본 고유의 독특한 문화를 이해하는 데 접근이 가능하다.[14]

13　맥세계사편찬위원회,『일본사』, 남은성 옮김, 느낌이있는책, 2015, p.32. "일본의 문호 개방은 외세의 압
력에 의해 순식간에 이루어진 굴욕의 역사지만 메이지 유신과 21세기 선진 일본에 영향을 미친 중요한 사건이
다. 일본의 근현대사를 더욱 적극적인 변화로 이끈 중요한 원동력이었다는 사실은 부인할 수 없다."

14　제레드 다이아몬드,『총, 균, 쇠』, 김진준 옮김, 문학사상사, 2012, p.630. "일본은 지리학적으로 영국과 매
우 유사한 특성을 보인다. 두 나라는 각각 유라시아 대륙의 동쪽과 서쪽에 위치한 군도(群島)이다. 그러나 영
국은 프랑스 해안에서 겨우 34.5km 떨어져 있을 뿐이지만, 일본은 아시아 본토(한국)에서 177km, 러시아 본
토에서는 290km, 그리고 중국 본토에서는 740km나 떨어져 있다. 역사를 통틀어 일본과 아시아 본토와의 관

혼슈가 몸통으로, 홋카이도가 머리로, 규슈와 시코쿠가 구부린 다리처럼 떨어져 나간 일본 국토의 시각적인 몸 상태는 불안정한 분리가 잉태한 미완의 감각으로 일본인의 무의식 속에 깊이 내재되어 있을 것이다. 그러므로 개인적인 판단에 대한 자기 불확실성, 무리지어 모인 집단적 상태에서 뜬금없이 솟아나는 우월감, 개인과 집단 위에 더 높이 군림해야 할 어떤 존재의 필요성, 파편 조각 하나라도 전체와 합일을 이루어 안도감과 성취감을 소유하고 싶은 완전지향성 등 개인과 집단의 캐릭터를 지배하는 생존의 방식이 결정된다.

일본은 대륙에서 형성된 다른 나라처럼 국토의 형태가 명확한 하나의 단단한 공간이 아니라 금이 간 것처럼 분리되어 흩어져 물 위에 떠 있는 섬들의 집합체이므로, 인체에 비유할 때 사지와 살점이 갈라져 가까스로 붙어있는 기이한 모습을 연상시킨다. 이러한 국토의 환경조건이 그곳에서 살아가는 인간들의 성향을 일대일 함수 관계로 결정짓는다고 단언할 수는 없으나, 인류문명의 발생지가 큰 강을 끼고 성립되었듯이 국토의 자연환경과 그 국민의 문화, 성향, 도덕관념 등을 따로 떼어놓고 생각할 수도 없다. 메소포타미아 문명, 이집트 문명, 그리스 문명이 서로 인접해 있음에도 서로 전혀 다른 세계관을 보이며 각자의 개성으로 역사를 형성해 왔듯이, 일본과 가장 가까운 한국을 서로 맞대어 양국의 역사적 흐름을 비교하면 얼핏 닮아 보이지만 둘 사이의 이질성이란 이루 말할 수가 없다.

가라타니 고진(柄谷行人)의 지적에 따르면, "조선이 끊임없이 이민족의 침입에 대해 국가의 윤곽을 작위적으로 유지하려고 해온 데 비해, 일본은

계보다 영국과 유럽 본토와의 관계가 밀접했던 까닭은 아마도 이 때문일 것이다. 이러한 지리적 여건 때문에 일본은 더욱 고립될 수밖에 없었고, 결과적으로 영국보다 독자적인 문화를 형성하게 된 것이다."

바다라는 자연의 경계를 국가의 경계로 간주함으로써 국가와 사회의 구별이
모호한 채로 지나왔다. '국가'를 구축적인 것, '사회'를 생성적인 것으로 구별한
다면, 그런 상황은 이 나라에서는 구축과 생성의 구별이 엄밀하게 존재하지 않
았다는 것을 의미한다. 모든 의지결정(구축)은 '어느새 그렇게 된다'(생성)는 형
태를 취한다."[15] 일본의 봉건주의가 다른 곳에서 보다 오래 지속되어 문화적으
로 어떤 반발이나 격동이 없이 그냥 그렇게 흘러온 것이다. 정면성의 원리가
역사를 뒤덮고 있는 이집트의 회화와 조각에서처럼[16] 일본에서도 유사하게 그
양식과 의미를 지배한 관습이 깊게 배어 있다.

외딴 국토의 형태로 자연스럽게 외세의 침입과 동떨어진 역사를 타
고 흘러갈 경우 모든 변화는 '안'에서 미세한 법이다. 잘라진 섬들이 천 년을 지
나도 그대로이듯 과거와 현재가 딱히 구분되지 않는다. 현대에 이르러 시절이
변했다고는 하나 이러한 특질은 그대로이다. 대륙은 대륙의 기질을, 반도는 반
도의 기질을, 섬은 섬의 기질을 필연적으로 그 속에서 살아가는 인간들에게 주
입한다. 그 관련성이 정확한 수치로 저울질되지 않아서 언제나 많은 논의를 불
러일으키지만 인간이 생존의 근본으로 삼아 발을 디디고 있는 땅의 형태와 속
성은 세계관의 기본 조건을 이룬다. 물이 칼처럼 땅을 갈라 크고 작은 토막으
로 성립된 국가에서는, 그 국가의 몸과 그 속에서 살아가는 인간 개인의 몸이
무의식적 동질성에 휩싸이게 되는 것으로 보인다. 그러한 내적인 특질을 갖춘
상태에서는 쉽사리 변하지 않는 정신상태의 도도한 흐름과 마주하게 된다.

---

15 가라타니 고진, 『일본정신의 기원』, 송태욱 옮김, 이매진, 2003, p.123.

16 E.M. 번즈 R. 러너 S. 미첨, 『서양 문명의 역사』, 박상익 옮김, 소나무, 2007, p.46.

4. 국토 생성 신화에 연결된 일본식 세계관

일본 신화로 전승되는 많은 이야기들은 『고사기(古事記)』나 『일본서기(日本書記)』에 기술되어 있다. 『고사기』에 기술된 일본 신화의 태동기를 보면, 태초에 아메노미나카누시(天之御中主神) 이하 다섯 천신(別天神)과 구니노토코타치(國之常立神) 이하 일곱 쌍의 천신(神世七代)이 출현하고, 이 중 남신 이자나기(伊邪那岐神)와 여신 이자나미(伊邪那美神) 양신이 결혼하여 국토와 신들을 낳는다.[17] 이자나기와 이자나미는 신들의 계보에서 일본 천황가의 계보로 이어지는 중간 연결자 역할을 하는 중요한 위치에 있다. 다음 세대에서 천황가의 직계 조상으로 등극하는 아마테라스 오미카미(天照大神)가 이자나기로부터 탄생하기 때문이다.

그렇게 시작되는 일본의 국토 생성 신화에 관한 최초의 내용은 섬이 탄생하는 생생한 비주얼 이미지이다. "이자나기, 이자나미여, 이 하늘 옥으로 만든 창으로써 기름 같이 떠 있는 나라를 굳게 하고 다스려라. 두 신은 명에 따라 하늘 다리에 서서 창으로 떠 있는 나라를 휘젓자, 창끝에서 떨어진 물방울이 모여서 섬이 되었다. 섬 이름은 혼자 응고되어 생긴 섬이라는 뜻의 오노고로섬(淤能碁呂島)이라 한다."[18] 『고사기』에 기술된 일본 국토 생성에 관하여 다음으로 계속 이어지는 신화의 내용을 요약하면 다음과 같다.

"두 신 사이에 첫 번째 아이가 태어난다. 하지만 아이는 히루코(水蛭

---

17 박규태, 『아마테라스에서 모노노케 히메까지-종교로 읽는 일본인의 마음』, 책세상, 2001, p.15.
18 오노 야스마로, 『고사기』, 강용자 옮김, 지식을만드는지식, 2014, p.13.

子), 즉 거머리였다. 둘은 히루코를 갈대로 만든 배에 태워 바다로 떠내려 보낸
다. 그 다음 그들은 아와시마(淡島)라는 섬을 낳았다. 하지만 이 또한 실패작이
었기 때문에 자식으로 여기지 않았다. 이렇게 되자 두 신은 무엇이 문제인지
천신들에게 조언을 구한다. 천신들이 점을 친 결과, 이자나미가 먼저 구애를 했
기 때문이라는 점괘가 나온다. 이 말에 이자나기와 이자나미는 다시 한 번 탑
돌이를 재현하고 이번엔 이자나기가 먼저 프로포즈를 한다. 이렇게 하여 이른
바 정상적인 출산이 이루어져 그들은 여덟 개의 섬을 낳게 된다. 이것이 일본
국토의 기원이며, 그 최초의 국명은 오호야마노쿠니(大八嶋國)라 불리었다."19

여자가 남자에게 먼저 구애를 했다는 이유로 불구가 태어났다는 이
야기는 일본인의 의식 속에 자리한 성적인 관념을 드러낸다. 남자의 주도로 일
을 하지 않으면 앞으로 뭐가 잘못될 것이므로 이 사회는 누가 중심의 자리에
위치하게 되는지가 명확하다. 오늘날의 일본사회에 이러한 신화적 공식을 자
물쇠처럼 끼워 맞출 수는 없지만 이야기의 흐름상에서 그런 뉘앙스를 풍긴다.
신화는 남녀의 차별을 지적하는 것이 아니라 인간의 원형적인 이미지이다. 그
러니 비유적으로 새겨야 한다. 글자 그대로 보면 신화에서 이미 남자와 여자
의 질서를 언급하여 역사적으로도 힘이 곧 권력인 무력 사회가 성립되는 것이
다. 불구인 자식은 버려진다. 태생의 결함은 곧 운명이 된다. 카스트 제도에 정
당성이 부여된다. 그리고 남녀 사이의 질서가 구축되자 비로소 정상적인 자식
들이 태어난다. 자식은 섬이다. 인간들이 살아갈 공간이다. 신화에는 신이 많아

19 박규태, 앞의 책, p.23.

다신교적 기반을 알 수 있고 신들의 위계도 잘 드러난다. 섬들을 자식으로 낳은 이자나기와 이자나미는 신이기는 하나 그 위에 신들을 또 받들고 있다. 신들의 카스트이다. 훗날 일본 황실의 계보와 연결되는 이자나기 남매의 창세 신화는 여타의 신화들과 달리 천벌에 의한 대홍수의 기록을 생략하고 있다. 위로 포진한 천신들이 계보를 형성하고 있으므로 딱히 벌을 줄 이유가 없다. 관능과 실수와 다툼이 있을 뿐 '원죄' 발생의 근거가 될 개념이 없으므로 인간 사회의 부조리를 해석할 수 없고, 인정될 수 있는 것은 남자와 여자 사이 또는 생(生)과 사(死)의 갈등뿐이다.[20] 천신은 인간을 지켜주는 신으로서 인간 사이 갈등을 지켜보며 관리하는 존재이다. 인간이 신의 출현을 예지하는 것은 불가능하고, 또 신은 아무 언급 없이 돌연 출현하여 어떤 명령을 내린다.[21] 인간은 신이 언제 어디서 갑자기 나타나 무슨 요구를 해 올지 모르므로 인간의 심리가 불안해질 것은 자명하다. 항상 준비 상태에 있으면서 불시에 발생할 신의 요구에 대응해야 한다. 일본인들은 누가 보건 안 보건 자신의 일에 충실하다. 상대에게 예를 지나치게 갖추는 습성은 사무라이 문화에서 비롯되었음이 분명하지만, 신화에서 보듯이 불시에 나타나서 불가항력적인 요구를 해 올지도 모르는 신에게도 근원적인 원인이 있다.

　　　　일반적으로 고대인은 자연의 격렬한 변동을 신의 활동으로 보고, 거기에서 하나의 신화 공간을 만들어냈다.[22] 일본열도에서의 특징은, 어디를 가더라도 동식물은 말할 것도 없이 암석이나 불, 물조차 인간과 똑같은 희로애락을

20　다니가와 겐이치, 『일본의 신들』, 조재국 옮김, 연세대학교 대학출판문화원, 2014, p.98.

21　사토 히로오, 『일본열도의 사생관』, 성해준 옮김, 문, 2011, p.126.

22　다니가와 겐이치, 앞의 책, p.109.

드러낸다는 점이다.[23] 자연스럽게 일본열도에는 엄청나게 많은 신들이 살게 된
다. 유라시아 대륙의 동쪽 끝에서 태평양과의 경계 지점에 위치한 일본 열도는
환태평양 지진대나 열대성 저기압의 경로 등에 영향을 받게 되는 지리상의 입
지 조건으로 인해 주변의 다른 나라들보다도 지진과 태풍, 쓰나미 등의 직접적
인 피해를 자주 입는다. 해마다 어김없이 눈앞에서 펼쳐지는 어마어마한 자연
재해의 위력 앞에서 고대 일본인들은 자연현상과 신의 관계를 동일시하는 사
고방식을 길러 내었고 '신국일본(神國日本)'이란 관념조차 스스로 만들어서 믿
기에 이르렀다.[24] 이처럼 일본에서는 자연이 빚어낸 물상의 숫자만큼이나 신의
종류가 다양하게 존재할 수밖에 없다. 심지어 인간이 죽으면 신이 된다는 인신
합일(人神合一) 사상도 민간에 널리 퍼져있다.[25]

　　　　루스 베네딕트의 지적에서 보듯이 "일본인은 인간과 신 사이에 큰
차이를 두지 않는다. 일본인은 누구든 죽으면 가미(神)가 된다."[26] 신을 두려워
했던 신화로부터 인간이 신으로 변신한다는 사상에 이른 것은 자연과 맞서 생
존해온 역사의 시간 분량과 무관하지 않다. 자연의 위력을 극복하는 노하우가
쌓이고 어느 정도 버틸 수 있는 능력이 생긴 것이다. 두렵던 신이 친근한 신으

23　다니가와 겐이치, 앞의 책, p.62.

24　사토 히로오, 『신국일본』, 성해준 옮김, 논형, 2014, p.24. "일본인이라면 누구나가 한 번쯤은 '신국사상(神
國思想)'이라는 말을 눈으로 접하거나 귀로 들어본 적이 있을 것이다. '신국사상'이란 그 정도로 널리 알려진
이념이다. 그것은 단지 유명한 것만이 아니다. '신국'이라고 하는 말은 지금도 여전히 일본인들에게 어떤 특별
한 감정을 일으키게 하는 힘을 가지도 있다."

25　사토 히로오, 앞의 책, pp.70-71. "가마쿠라시대의 설화집 『고콘조몬쥬(古今著聞集)』를 보면 일본의 신
들은 인격신으로서의 성격을 강화한다. 신들은 전능하지 않고, 다채로우며 풍부한 감정을 가진다. 때로 신 사
이의 전투로 상처를 입고 피를 흘리며 약한 말을 내뱉는 인간의 모습을 보인다."

26　루스 베네딕트, 앞의 책, p.167.

로 생활 가까이로 접근한다. 그러므로 신이 자신에게 이익이 된다면 특정종교에 관계없이 필요적절하게 섬기는 것이 일본 종교문화의 특징이다.[27] 아무리 친근하더라도 일본의 신은 언제 어떻게 돌변할지 몰라서 마음을 놓지 못하고 항상 눈치를 살피며 조심해야 하는 존재이다. 신과 자연의 동일시 관념이 정착하므로 변덕스런 자연현상이 곧 신의 속성으로 여겨질 수 있다.

미나미 히로시(南博)는 일본적 마조히즘이 어디에서 발생했는가를 살펴보면 일본인의 심리를 이해하는 하나의 중요한 단서를 찾을 것으로 보며 이렇게 정리한다. "기존의 많은 풍토론에서 지적하였듯이 일본은 지진, 태풍, 홍수, 화산폭발 등 현재도 인간의 힘으로는 막지 못하는 자연의 재해로부터 위협받고 있다. 예측과 예방으로 재해를 예상하지 않으면 안 되는 일본인은 최악의 경우를 예상하고 평상시부터 각오를 해 왔으며, 마지막에는 깨끗하게 단념한다는 자기훈련을 계속해 온 것이다. 이런 자연의 재해는 글자 그대로 '자연적으로' 발생하는 것이기 때문에 재해를 천벌로 받아들이고 자연에 역행하지 않는 것이 일본인의 운명주의와 결합된 일종의 자연주의인 것이다."[28] 일본식 체념으로 독특하게 전수되고 있는 이러한 기질은 일본인의 사유방식 속에서 '옳음'과 '그름'에 대한 판단을 불충분하다고 여기는 감각으로 연결되어 무언가 제3의 판단기준을 요청할 수밖에 없다고 한다.[29]

악(惡)이나 죽음조차 생(生)의 범위 안으로 이끌어 일본 신화의 큰 축을 이루는 정신적인 지주는 신도(神道)이며, 이는 국가적인 종교로 민족적이

---

27 성해준, 「일본 사생관에 담긴 죽음의식의 특징」,《일본문화연구》40, 2011, p.249.

28 미나미 히로시, 앞의 책, p.71.

29 박규태, 앞의 책, p.65.

자 이데올로기적 화합에 큰 영향을 미쳤다.[30] 박규태의 정리에 따르면, '일본 신화의 경우는 우주나 인간이 아니라 일본 국토 창조에 세계축의 초점이 맞추어져 있다는 점에서 매우 특이'하며[31] '아프리카의 조그만 부족들도 가지고 있는 우주 기원신화라든가 인간 기원신화가 나타나지 않을 뿐만 아니라 성적 상징 또는 몸의 담론이 풍부'하다.[32]

『고사기』에 의하면, 이자나기는 저승으로 간 이자나미를 찾아간 뒤 대판 싸우고 돌아와 '나는 더러운 나라에 갔다 왔다. 그러니 몸을 씻어야겠다'며 몸을 씻으면서 혼자 여러 신들을 낳는데, 왼쪽 눈을 씻을 때 태양신 아마테라스가 태어나고 오른쪽 눈을 씻을 때 달의 신 쓰쿠요미가 태어난다.[33] 일본인 정신의 저변에 자리한 몸의 시각성이 여실하게 드러나는 천황가의 조상신 탄생 신화이다. 신들이 낳은 국토는 각기 여러 개로 흩어져 있고 독신인 남신의 눈으로 시초를 맞이한 인간의 역사가 그 위에서 펼쳐지고 있다. 국토라는 육체의 흩어짐과 그것을 바라보는 원초적인 시각성은 영화 속 신체 절단과 유사한 이미지로 연결된다.

5. 사무라이 칼 중심의 봉건사회가 남긴 유산

---

30   아네트 즈골, 『세계의 신화』, 구정은 옮김, 수막새, 2010, p.348.
31   박규태, 앞의 책, p.22.
32   박규태, 앞의 책, p.37.
33   오노 야스마로, 앞의 책, pp.26-29.

　　일본에서 알려진 수많은 사건이나 영웅 이야기 중에서 가장 인기 있
는 것은 아코사건(赤穂事件), 아코로닌(赤穂浪人) 혹은 주신구라(忠臣藏)로 널리
알려진 역사물이다. 일명 〈47 로닌(浪人) 이야기〉라고도 회자되는 이 이야기는
교과서에 수록되고 출판물로 간행되며 영화로도 제작될 정도로 오늘날 일본의
살아있는 문화적 요소로 되었다.[34] 1701년에 실제로 일어났던 아사노가(淺野
家) 47명 가신들의 복수극은 1910년 마키노 쇼조(牧野省三) 감독의 〈주신구라
(忠臣藏)〉에서부터 2013년 칼 린쉬(Carl Rinsch) 감독의 할리우드 영화, 키아누
리브스(Keanu Reeves) 주연의 〈47 로닌(47 Ronin)〉에 이르기까지 끊임없이 재생
산되고 있다. 집단 복수라는 충격적인 사건을 훌륭한 무사도로 포장하여 우키
요에(浮世繪繪)나 가부키(歌舞技) 등의 전통 작품 세계에도 접목시키면서 지금
도 새로운 각본으로 세상에 나오고 있으니, '주신구라'가 얼마나 일본인들에게
인기가 있는지 짐작하고도 남음이 있다.[35]

　　　이와 같은 무사들의 주군에 대한 충의(忠義)는 일본인에게 훈육적인
감화를 적절히 조장하여 각자의 자리에서 자신에게 주어진 본분을 지키는 것
이야말로 인간으로서의 명예라고 전체적으로 단호하게 주입할 수 있는 수단
이 된다. 47명의 로닌(浪人)처럼 무사가 주군을 따라 죽는 순사(殉死)야말로 충
의를 표현하는 가장 적극적인 행위라고 훈육시킬 수 있었다. 이는 도쿠가와 막
부 초기인 1607년 도쿠가와 이에야스(德川家康)의 4남(松平忠吉)이 28세의 젊
은 나이로 병사하였을 때 그의 가신 4명이 순사를 하자 그들을 무사의 모범처

34　루스 베네딕트, 앞의 책, p.212.

35　이일숙, 「일본 무사도와 도덕」, 《동일어문연구》 20, 2005, p.252.

럼 떠받들면서 관행으로 조성되기 시작했다.[36] 이후 순사자 반열에 오르는 것이 가문의 명예가 되어 충의보다 체면이나 혜택 때문에 순사를 결행한다는 비판도 있었다.[37] 47명 로닌의 순사는 주군에 대한 복수 이후에 감행한 집단 할복 자살 사건으로 어떤 다른 의도 없이 순수한 충의의 정신을 구현한 모범으로 숭배되고 있는 것이다.

사무라이 계급이 성립된 이후 하급 사무라이는 상급자에게 의리(ぎ り)를 맹세하고 복종했는데 실제로는 겉으로 드러내는 행위였다. 일본인들은 안(內)과 밖(外)이 다르게 행동하는 것을 '표리부동(表裏不同)'이라 여기지 않고 오히려 '미덕(美德)'으로 본다. 혼네(本音, 속내)를 다테마에(建前, 밖으로 드러내기)로 표출하면 미성숙하다고 여기며 속마음을 겉으로 표현하지 않으려는 행동양식을 갖추고 있다.[38] 전국시대 오다 노부나가의 죽음에서 발견하듯이 부하 장수인 아케치 미쓰히데(明智光秀)가 돌연 배반을 하여 칼을 겨눈 것이었다. 사무라이들 사이의 의리라는 것은 이 역사적 증거물로 여실히 드러난다. 가마쿠라 막부를 세운 초대 쇼군 미나모토노 요리토모(源賴朝)와 임진왜란을 일으킨 토요토미 히데요시(豊臣秀吉)도 예외는 아니며, 도쿠가와 막부를 전복시킨 '메이지 유신'도 실상 하급 사무라이가 상급 사무라이를 치고 올라간 혼네의 발현에 다름 아니다.[39] 1899년 미국에서 영어로 출판된 니토베 이나조(新渡戶 稻造)의 〈무사도(Bushido: The Soul of Japan)〉에서는 충(忠), 의(義), 용(勇), 인(仁), 예(禮), 성(誠)

36 정장식, 「武士道 뒤집어 보기(其三)」, 《일본문화학보》 52, 2012, p.416.

37 정장식, 앞의 글, p.417.

38 문경환, 「일본 고유의 병리」, 《인문언어》 17, 2015, p.16.

39 문경환, 앞의 글, p.27.

을 일본 민족의 아름다운 이상이자 도덕적 규범이라고 기록하고 있으며, 복부
는 영혼과 애정이 깃드는 곳이므로 '이곳을 자르는 할복 의식은 일본 민족의
가장 고귀한 행위'라고 주장하고 있다.[40]

메이지 천황이 죽자 할복으로 따라 죽는 신하가 뒤따른 역사는 불과
1세기 전으로 일본인들의 의식 속에는 칼로 배를 그어 자해를 하는 행위가 일
상에서도 그리 멀지 않다. 할복에 대한 최초의 언급은 1156년 다이라가(平家)
와 미나모토가(源家) 사이에서 벌어진 갈등을 다룬 서사시 〈호겐모노가타리(保
元物語)〉의 기록이다.[41] 도쿠가와 막부 시절에는 신분제도가 엄격하게 고정화되
어 사무라이 계급은 평소에도 칼을 두 개 차고 다니며 백성의 도덕을 교화한다
는 명목으로 백성들의 목을 칠 수 있는 권리를 부여받았는데, 때로 그러한 기
리스테고멘(斬捨御免)의 권리를 남용한 도오리마(通り魔: 길거리 악마) 같은 사무
라이가 나타나기도 했다.[42] 일반 백성들 입장에서는 사무라이를 몰라보거나 저
항하는 행위는 곧바로 죽음이었다. 사무라이 앞에서는 반드시 적절한 예를 갖
추어야 했으므로 속내야 어떻든 감정을 드러내지 말아야 하는 생활문화가 필
연적으로 정착되게끔 되었다. 일본영화의 한 축을 담당하는 시대극은 대다수
가 사무라이의 칼이 세상을 지배했던 시절의 향수를 내포하고 있다.

도쿠가와 막부 시절인 1716년에 편찬된 〈하가쿠레(葉隱)〉 모두문
1조에 기록된 '무사라 하는 자는 무도(武道)를 가슴에 새겨야 한다'라는 말에

40 장성훈, 『사무라이 정신은 거짓이다』, 북마크, 2013, p.27.

41 스티븐 턴불, 『사무라이』, 남정우 옮김, 플래닛미디어, 2010, p.98.

42 문경환, 앞의 글, p.26.

서 니토베 이나조가 무사도라는 말을 만들어냈다.[43] 그 말이 일본인들에게 앞선 시대를 죄다 끌어당기며 역사와 시대를 초월하는 일본 정신으로 상승했다. 더불어 사무라이의 칼은 빛나는 일본도(日本刀)가 되어 서구사회를 감화시키고 일본 특유의 선민사상에 어울리는 자존감의 상징물이 되었다. 1868년 메이지 유신의 개혁 이후 사무라이 계급이 사라지면서 무사도 정신 또한 과거의 유물처럼 보이지만, 오늘날에도 일본이 어떤 위기에 처할 때마다 무사도 정신은 생생하게 되살아난다.[44] 일본인의 가슴 속에 그런 방식으로 여전히 살아있는 사무라이의 칼이 여타의 세계 문화에 대한 일종의 우월감으로 영화에 반영되어 다른 나라보다 더 생생하게 신체훼손의 시각화를 집착한다.

고통의 순간에 할복자의 머리를 날려주는 카이샤쿠(介錯: 할복하는 사람의 목을 치는 일)는 실제로 부탁을 받는 일이 꺼려지고 불길한 것으로 받아들여졌으나[45] 오늘날 신체훼손에 중점을 둔 영화들 속에서는 다른 무엇보다도 목 자르는 장면이 일반적이다. 프랑스 대혁명 이후 한 때 단두대로 사람의 목을 자르는 사형이 유행하였지만 일본처럼 사람의 손으로 목을 쳐서 잘리는 감각을 느끼는 경우는 가해자뿐만 아니라 관람자에게도 여운이 길게 남는다. 배를 가르며 피를 쏟고 목을 자르며 피를 뿜는 현실의 광경이 영화 속에 그대로 살

---

43   장영철, 「일본 역사군담에 나타난 무사상」, 《일본어문학》 59, 2013, p.358.

44   맥세계사편찬위원회, 앞의 책, p.194. "일본이 국가 차원에서 정책적으로 사무라이 정신을 홍보한 덕분에 일본 특유의 국민성인 것처럼 승화되었다. 사무라이 정신은 세계적으로 일본의 대표적인 정신문화로 자리 잡았다.' 박진한, 앞의 글, p.335 '90년대 이후 일본사회에서 반복적으로 논의되고 재생산되는 무사도론은 우경화라는 컨텍스트와 밀접한 관련이 있으며, 새로운 허구의 전통을 꾀하는 작업이다. 무사도는 일본영화의 한 축을 이루는 시대극이란 문화상품을 통해, 또는 미시마 유키오(三島由紀夫)와 같은 군국주의자의 퍼포먼스를 통해 대중의 기억 속에 주기적으로 상기되어 일본인의 내부적 동질성을 확인시켜 주는 역할을 하고 있다."

45   스티븐 턴불, 앞의 책, p.100.

아낭아 사무라이가 전수한 칼의 역사를 이어준다. 그것이 바로 일본식 신체훼손이 갖는 적극적인 보여주기의 정신이다.

6. 나가며

　　일본의 자연환경은 물의 칼이 땅을 자른 외형으로 인해 그 속에서 사는 일본인들의 정신을 무의식적으로 지배한다. 신화에서는 신들이 섬을 낳기 때문에 태생적으로 칼로 잘라 던져놓은 듯 뿔뿔이 흩어져 있다. 역사적으로는 사무라이의 칼이 지배하는 시대에 이르러 배를 가르고 목을 치는 시각적 잔혹이 일상 속에서 펼쳐졌다. 그러므로 일본인의 정신 구조에 세상과 인간은 항상 잘려져 있다. 사무라이 시절의 가해자는 지금의 사디즘을, 그 시절 피해자는 지금의 마조히즘의 형태로 스크린 속에서 공히 칼의 지배를 회상하고 계승하며 추모하고 상승한다. 옛날 그 시절보다 더하면 더했지 결코 덜하지 않게 시각적 쾌감을 추구한다.

　　신화 시절 신성한 국토를 고유의 신들이 수호한다고 하는 이념은 강렬한 선민의식과 자민족 중심주의의 사고를 길러[46] 쾌감에 있어서도 완전주의를 지향하게 되었다. 그리고 아직까지 일본인들은 뼈를 단순한 사물로 생각하지 않고 영혼과 동일시하기 때문에[47] 칼로 뼈를 자르는 행위의 무게감이 다른 나라의 슬래셔 무비들과는 비교가 되지 않는다. 그래서 일본식 신체훼손은 감

46　사토 히로오, 앞의 책, pp.202-203.

47　성해준, 앞의 글, p.252.

각적으로 차별화된 특유의 잔혹한 시각 효과를 얻고 있는 것이다.

　　자연 재해란 기본적으로 발생에서부터 종식에 이르기까지 인간의 눈으로 직접 목격을 하게 되는 '시각적 현상'이며, 또 그 속에서 생존을 위해 버텨내기 위해서는 가진 노력을 다 쏟아야만 하는 압도적인 대상이다. 인생에서 자연의 폭거로 인한 생존의 위기가 빈번하게 발생하게 될 때, 어떤 정신적인 태도를 취하며 어떤 삶의 형태를 갖추어야 살아남게 되는지는 자명하다. 일본은 자연환경이란 일차적인 조건과 그 위에서 구축된 역사적인 맥락이 유사하게 이어져오는 나라이다. 가공할 재해로서의 자연과 불시에 눈앞에 나타나는 재앙신, 그리고 무신 정권이 함부로 휘두른 칼의 역사가 일반인들에게는 무릎을 꿇고 엎드릴 수밖에 없는, 한마디로 거대한 공포인 것이다. 물 위에 떠 있는 섬, 섬 안에 떠도는 칼, 갇혀 있는 자에게는 형벌과도 같은 삶의 환경이 신체훼손을 통한 대리만족을 충족시키고 있다.

　　이상과 같은 추론의 과정을 통해 일본의 내면으로 한 걸음 더 다가가려 시도해 보았다. 일본영화에서 표현된 잔혹성으로 인한 발상이었으나 논의를 전개해 들어갈수록 더욱 일본 정신의 본질에 가서 닿고 싶다는 간절함이 생기게 되었다. 주관적인 단정이 다소 불편하게 보일 수도 있을 것이지만 다음 단계의 연구 진행을 위한 하나의 시도로써 의미를 남겨둔다. 어떤 나라, 어떤 민족의 기질에 대한 근본 원인을 파악하기 위해서는 사실상 다양한 접근이 있어야 한다. 실증을 통한 객관적인 연구는 앞으로 반드시 추구해야 할 사안이다.

참고문헌

문경환, 「일본 고유의 병리」, 《인문언어》 17, 2015.
박규태, 「현대 일본영화와 섹슈얼리티-소노 시온의 〈사랑의 죄〉를 중심으로」, 《일본비평》 11, 2014.
박진한, 「무사도의 창안과 현대적 변용-근대 일본의 '국민 도덕' 만들기」, 《역사비평》 74, 2006.
성해준, 「일본 사생관에 담긴 죽음의식의 특징」, 《일본문화연구》 40, 2011.
유양근, 「디지털 시대 일본영화의 변모-J호러를 중심으로」, 《일본학연구》 41, 2011.
이주라, 「식민지시기 괴담의 출현과 쾌락으로서의 공포」, 《한국문학이론과 비평》 61, 2013.
이일숙, 「일본 무사도와 도덕」, 《동일어문연구》 20, 2005.
장영철, 「일본 역사군담에 나타난 무사상」, 《일본어문학》 59, 2013.
정장식, 「武士道 뒤집어 보기(其三)」, 《일본문화학보》 52, 2012.

박규태, 『아마테라스에서 모노노케 히메까지-종교로 읽는 일본인의 마음』, 책세상, 2001.
양은경, 『일본사를 움직인 100인』, 청아출판사, 2012.
유홍준, 『나의 문화유산답사기-일본편1 규슈』, 창비, 2013.
장성훈, 『사무라이 정신은 거짓이다』, 북마크, 2013.
가라타니 고진, 『일본정신의 기원』, 송태욱 옮김, 이매진, 2003.
다니가와 겐이치, 『일본의 신들』, 조재국 옮김, 연세대학교 대학출판문화원, 2014.
루스 베네딕트, 『국화와 칼』, 김윤식·오인석 옮김, 을유문화사, 2008.
맥세계사편찬위원회, 『일본사』, 남은성 옮김, 느낌이있는책, 2015.
미나미 히로시, 『일본적 자아』, 서정완 옮김, 소화, 2015.
사토 히로오, 『일본열도의 사생관』, 성해준 옮김, 문, 2011.
　　　　　 『신국일본』, 성해준 옮김, 논형, 2014.
시마조노 스스무, 『일본인의 사생관을 읽다』, 배관문 옮김, 청년사, 2015.
스티븐 턴불, 『사무라이』, 남정우 옮김, 플래닛미디어, 2010.
아네트 즈골, 『세계의 신화』, 구정은 옮김, 수막새, 2010.
오노 야스마로, 『고사기』, 강용자 옮김, 지식을만드는지식, 2014.
E.M. 번즈 R. 러너·S. 미첨, 『서양 문명의 역사』, 박상익 옮김, 소나무, 2007.
제레드 다이아몬드, 『총, 균, 쇠』, 김진준 옮김, 문학사상사, 2012.

2부
일본 문화의 숲을
거닐다

일본을 보다

1. 섬

사람들 사이에 섬이 있다
그 섬에 가고 싶다

학창시절에 즐겨 읽었던 정현종 시인의 아주 간결한 시 「섬」이 떠오른다. 한 계절 정도 가방 속에서 함께 다녔던 시집 『나는 별아저씨』에 실려 있었던 것으로 기억된다. 이 시는 당시 바다 위에서 좁은 공간만을 얻은 채 외로이 떠 있는 섬에 대한 새로운 인식을 불러왔다. 섬을 사람들 사이에 있다고 표현한 절묘함이 통상적인 감각에 대한 낯선 성찰을 빚었다. 가고 싶은 그 섬은 어떤 곳일까? 섬의 실체가 투명해지는 반면 사람들 사이의 보이지 않는 공간이 질감을 얻는다. 뭐랄까, 사람과 섬이 뒤바뀌어 사람의 물질화가 진행되는 듯한 고립감이랄까. 그런데 일본이란 나라를 생각하며 책상에 앉은 지금 이 순간, 왜 이 시가 떠오르는 것일까?

　　　나는 지금까지 살면서 딱 두 번을 해외에 나가 살아보았다. 한 번은 20년 전 영국이고 지금은 일본에 있다. 두 나라의 공통점은 두말할 것 없이 그냥 '섬'이다. 어쩌다 내가 유라시아 대륙의 서쪽 끝과 동쪽 끝에서 부스러져 나간 두 섬나라에서 살아보게 되는 것인지 그 연유는 알 길이 없지만, 이런 경우를 두고 '나'와 '섬' 사이에 '인연'이 있다는 어떤 특별한 느낌으로 받아들여야 하는 건지도 모르겠다. 대륙의 서쪽 끝 영국은 전 세계를 제패한 '영어'를 보유한 나라여서 사람들이 그곳을 찾으려는 명분에 공감이 간다. 한때 해가 지지 않았다던 영국, 대단한 나라였던 것 같다. 그럼 일본은? 사람들이 일본을 찾는 까닭을 생각해 본다. 미국에게 겁도 없이 대든 나라? 이건 이상하다. 경제적으로 세계를 제패한 대단한 나라? 맞는 것 같다.

　　　그러니까 '섬'은 세계를 넘어다보는 습성이 있는 것이다. 해안가에 까치발로 서서 저 너머 육지를 하염없이 동경하는 간절함이랄까. 그 심리가 좋을 때는 무척 다정하겠지만 틀어질 때는 전격 달라진다. 고립감의 이중성. 조금 부드럽게 과장하면 그리움이 켜켜이 묵은 단내 같은 것. 사랑과 분노의 이중 나선 구조. 인간에게 내재한 갖가지 정서적 요소들이 첨예하게 표출될 수밖에 없는 근원적인 환경이다. 좋으면 그곳에서 나오려 하지 않고 나쁘면 무조건 저 너머 육지에 오르려 한다. 섬은 사람에게 섬의 습성을 가르친다. 사람들 사이에 감춰져 있는 본연의 어떤 상태와 마주할 수 있는 곳. 그래서 나도 정현종의 시에서처럼 '그 섬에 가고 싶다'고 은연중에 읊조린 것 같다. 그 섬에 가면 과연 사람을 만날 수 있을까? 사람을 만나 나를 돌아보고 사람이 움직인 흔적을 쫓아 내가 왜 지금 여기 살고 있는지 알게 될 수 있을까?

유라시아 대륙의 서쪽과 동쪽 끝 두 나라에서, 그 섬에 들어가 도시의 거리에 서면, 순간 살짝 어지럽게도, 차가 거꾸로 달린다. 운전대를 잡으면, 더욱 어지럽게도, 반대편에서 오는 차들이 오른쪽 어깨에 바짝 다가와 바람을 일으키며 스쳐 지나간다. 반대 방향을 정방향으로 인식하기까지는 그리 길지 않은 시간이 걸리는 것 같지만 아마도 실제로는 살아온 만큼의 시간을 흘려보내야 할지도 모른다. 나의 반대편을 체감하고 있는 그대로 익혀서 수용하는 것, 사람이 이 일을 아무렇지도 않게 해낼 수만 있다면 무엇이 문제겠는가! 두 섬나라는 내게 무엇을 일깨우게 하려고 나를 이끌었는지, 지금 내 머리 속에는 다만 존 레논과 오노 요코만이 떠오를 뿐이다. 빠른 기류와 변덕스런 날씨를 살피며 하루하루 살아가는 섬나라. 맑은 하늘을 선물처럼 기뻐하는 섬나라. 조심성, 준비성, 오랜 기다림이 몸에 가득한 섬나라. 그러나 한낱 외진 섬에서 인류의 역사를 뒤흔드는 가공할 영향력을 행사하게 될 줄 누가 알았으랴만, 아직도 현재진행형인 이들의 행보를 차분한 눈으로 한번 들여다보면 내일의 시간을 걸어갈 나를 발견하는 데 조금이나마 도움이 되지 않을까 싶다. 특히 지적 지간에 오래토록 살아갈 일본을.

2. 일본

사람들 사이에 섬이 있고 하늘과 땅 사이에 사람이 있다면, 섬과 사람들 사이에는 무엇이 있을까? 일본을 이해하기 위해서는 섬과 사람들 사이에 존재하는 무형의 거대한 '힘' 하나를 반드시 감지해야 한다. 그 기운은 대륙의 출발점인 한반도에 사는 우리네 한국사람한테 별로 관심을 끌지 못할뿐더러 터무니없게 여겨질 수 있다. 바로 애니미즘이다. 우리의 시각으로는 말도 안 되게 낡아 보이는 이 정령 숭배 신앙이 여전히 일본에서는 전 국토를 뒤덮고 사람들의 위에 군림하고 있다. 그러니까 일본사람들의 머리 위에는 자기들보다 훨씬 큰 어떤 위대한 생명 덩어리가 늘 붙어서 떠 있는 모양새를 보인다. 신도의 이름으로, 온갖 종교의 이름으로, 심지어 무사도의 이름으로. 이에 영향을 받아 이름 없이 살아가는 일반 사람들조차 죽어도 죽지 않고 이 땅에서 영혼으로 내내 살아있으리라는 당연한 믿음을 만들어 일본열도는 그야말로 귀신들의 천국이 되었다. 돌아가신 조상님들이 집안에서 그대로 왔다 갔다 하고 있고 대대로 둘러앉아 계시니 그 많은 조상님이 보시기에 흡족하려면 도대체 어떻게 살아야 할까?

섬 안에 사는 사람은 섬 안의 조건이 세상 전부이므로, 특히 일본처럼 지진, 화산, 태풍, 해일 등 자연재해에 취약한 구조를 가진 섬에서는 섬 안에 그득히 꿈틀거리는 자연조건의 변덕스런 특성에 의해 개별 생명체의 생존 자체가 난간에 매달리듯 걸리게 된다. 저 멀리 크레타처럼 아름답고 풍요로운 지중해의 사랑스런 왕자가 아니라 거세고 막막한 태평양의 방파제처럼 떠 있는 위태로운 아이가 바로 일본인 것이다. 자다가 쓰나미에 떠내려갈 수도 있고 걷다가 지진으로 땅 밑에 파묻힐 수도 있는 상황, 오늘 아침밥 맛있게 먹고 즐겁게 지냈지만 점심때는 무슨 일이 생길지 모르기 때문에 웃다가도 머리 위를 의식해야 하고 놀다가도 발밑을 경계해야 한다. 사쿠라를 좋아하는 이유가 태생적으로 동질감이 있어서이다. 언제 활짝 폈나 싶더니 금세 사라졌구나. 그러니 사람들은 머리 위로도 발아래로도 비현실적이라도 좋으니 보호를 받고 싶다.

일상을 지켜줄 무형의 그 무엇을 상정해 놓고 항상 의지하고 싶다. 신도건 불교건 무사도건 일단 자신들이 기댈 수 있는 신을 만들어 놓아야 비로소 안심을 얻는다.

　　　일본에서 천 년의 기나긴 세월 동안 무력에 의한 사무라이 권력이 국가를 지배하여 왔는데도 아직도 천황이 존재한다는 사실은 위의 심리를 반증한다. 권력의 수장인 쇼군도 그 위에 누군가가 있어줘야 마음에 위안이 생기는가 보다. 부실한 왕이라면 곧바로 갈아 치우려 드는 한반도의 역사와는 사뭇 다르다. 그동안 막부의 정권이 수차례 바뀌었는데도 천황가는 그대로 존속하고 있으니, 그것도 자칭 만세일계의 천황가라고 신의 자손이란 순혈의 혈통을 자랑하고 있으니, 만들어진 존재의 관념적 허구성은 과히 세계 최고 수준이다. 만화, 애니메이션, 게임이 세계 최고 수준으로 판을 치는 현상도 이런 맥락에서 함께 이해할 수 있겠다. 현실 위에 또 다른 현실(정신적으로 기대거나 도피할 수 있는 현실)을 하나 상정해 놓지 않으면 현실 자체의 존립이 어렵다고 봐야 한다. 만세일계 천황가라는 개념은 메이지 유신의 성공으로 당시 천황을 받든 혁명파 지사들이 갖다 붙인 것이긴 하지만, 현재 군림하는 천황에게는 그의 직계 조상님들이 잔뜩 자신의 배후에서 돌봐주고 있는 강력한 의지처가 마련된 셈이다.

　　　섬나라 일본은, 와서 직접 보니 섬나라 영국과는 자동차 핸들 위치만 빼고 상당히 다르다. 가장 먼저 눈에 띄는 것은 깨끗한 거리이다. 어딜 가나 깨끗한 거리가 날마다 눈앞에 펼쳐져 있다는 사실은 한마디로 엄청난 거다. 영국은 깨끗하지 않다. '더럽다'는 쪽에 가깝지만 그래도 옛정이 남아있어 '깨끗하지 않다'라고 표현해 주고 싶다. 날마다 어디서나 깨끗하다는 이 신기한 현상은 두 가지 조건이 충족되어야 가능하다. 하나는 쓰레기를 안 버려야 하고, 둘은 쓰레기를 남김없이 치워야 한다. 전국적으로 깨끗한 거리를 자랑하는 일본인지라 여기 사는 모든 사람들이 잘 안 버리고 잘 치우는지 몹시 궁금했다. '그렇다'라고도 말하기 어렵고 '안 그렇다'라고도 말하기 어렵다. 다만 분명한 점은 대다수 일본인들은 누가 보건 안 보건 자기 할 일을 잘한다는 사실이다. 청소부가 빗자루로 길을 쓸 때, 구석에 네모로 각진 작은 틈새 하나 놓치지 않고 열심히 쓸어낸다. 어찌 저리도 열심히 하는지 혹시 근거리에 CCTV 카메라로 감시를 당하고 있나 싶을 정도이다. 영국사람이라면 보통 누가 안 볼 때는 아마 적당히 할 것 같다. 우리도 대충 그렇지 않나 싶다. 하지만 일본에서는 그런 사람 찾아보기 어렵다. 정해진 규정, 해야 할 일의 책임량을 정확히 지킨다. 누가 보건 안 보건 상관없다. 그런데 이런 훌륭한 태도마저도 주변에 있는 타인이 아니라 사람 위에 군림하고 있는 어떤 초월적인 시선을 의식한 행위라고 느껴지는 것은 왜일까? 아무도 없는데도 자기를 지켜보는 뭔가가 위에 있다고 생각해 온 오랜 역사가 유전자의 대물림을 거듭하여 고착된 것이 아닐까? 외침이 잦아 인재가 많았던 영국과 비교하여 외침은 없었으나 자연의 가공할 위력 앞에서 오직 생을 견뎌내야 했던 일본이, 같은 섬나라지만 보다 숙연하고 진중하게 보인다. 무슨 일이 벌어졌는지 숨죽여 살피고, 무슨 일인지 확실히 알았을 때 비로소 행동하는 기질 또한 그들 신의 선물이다.

3. 연대기

　　일본열도에는 언제부터 사람이 살기 시작했을까? 해답을 알 수 없는 이 질문은 사실 내가 살아가고 있는 우리나라의 기원에 대한 의문에서 먼저 비롯되었다. 그러니까 좀 더 정확히는 '한반도에 언제부터 사람이 살기 시작했을까?'이고, 보다 더 정확하게는 '지구에 언제부터 사람이 살기 시작했을까?'라는 궁극의 기원에 대한 의문이다. 역으로 나열하면 지구, 한반도, 일본열도라서 관심의 우선순위가 그 순서로 정해져 있는 것 같지만 실은 이 모두가 하나의 문제이며 하나의 원인으로 드러날 수 있다. 수직이 아닌 수평선상이라 하나를 캐면 줄줄이 딸려 나올 수도 있을 것이다. 단 한 개 로제타스톤의 발견에서 장 프랑수아 샹폴리옹이란 천재의 손을 거치며 고대 이집트 상형문자 전체의 체계가 문법으로 정리되었듯이, 한 개체 집단의 발자취를 줄곧 따라가다 보면 거대하고 모호한 인류의 기원을 명쾌하고 아름다운 하나의 문장으로 밝혀낼 수 있지 않을까? 일본을 추적하여 한국을 똑바로 알 수만 있다면 얼마나 좋을까?

　　일단 약 만 오천 년 전을 생각해 보자. 스페인의 알타미라와 프랑스의 라스코에서 발견된 동굴벽화가 연대측정 결과 B.C. 15,000년경으로 나와 있으니 그 정도야 충분히 생각해 볼 수 있겠다. 이 당시의 시기를 약간 지나면 어느 날 일본열도에서 사람들의 무리가 나타나 이리저리 돌아다닌 것 같다. 빙하기의 끝자락인 후기 구석기를 약간 걸치면서 신석기시대 대부분을 차지하는 '조몬시대'는 최대한 길게 잡아 B.C. 14,000부터 시작되어 B.C. 300년에 이른다. 마지막 빙하기 이후 해수면 상승으로 한반도와 일본열도가 분리되었다고 하는 B.C. 10,000년 언저리의 지점을 생각하면 구석기 시대의 끝자락을 타고 신석기로 넘어와 생존해 있다는 주장이 다소 의아하긴 하다. 그들이 어떻게 살았었는지는 알 수 없는 일이다. 하여간 이 기나긴 조몬시대에 발견된 유물들 가운데 가장 대표적인 것은 새끼줄 문양의 토기이다. 신석기시대에 한반도에서 출토되는 빗살무늬토기와는 그 생김새가 다르다. 조몬시대 토기를 빗살무늬토기 계열로 보는 견해도 있으나 세세한 형태로 보아 같은 종류라 인정하기는 어려운 듯하다. 수렵과 채집 생활을 청산하고 한 자리에 눌러앉아 식량을 조달하기 시작한 신석기시대에는 일상의 도구인 토기가 그 시대의 생활상을 짐작하게 하는 가장 중요한 물품이다. 당시 사용한 토기의 문양 상으로는 한반도와 일본열도는 서로 다른 문화권이었다. 한국과 일본의 조상은 각종 생활양식을 비롯하여 얼굴과 몸의 생김새와 사고방식도 달랐을 것이다. 조몬시대는 일본열도에 정착하여 살아남은 원주민이 형성한 오랜 세월에 걸친 원시 문화기이고, 그 주역이었던 조몬인은 '아이누족'이라 불리고 있다. 일본 전역에서 발견되는 당시의 패총 유적들과 10,000점이 넘게 출토된 조몬 토우들이 그 시대를 증빙한다. 일부 토우의 형상은 수메르 유물과 흡사하게 기괴한 외계 생명체처럼 보인다. 지금도 아이누족의 후예가 살아남아 홋카이도에서, 미국의 인디언 보호구역처럼 국가의 관리를 받으며 빛바랜 유산처럼 남아있다고 한다.

　　　　조몬시대의 종말은 대륙에서 비롯되었다. 말하자면 우리 한국의 조상님들이 엄청난 영향을 준 것 같다. 고조선 사람들이 대륙에서의 세력 약화로 배를 타고 일본열도로 건너오지 않았을까 생각해 본다. 해류를 연구하는 분들에 의하면 산둥반도나 요동반도나 한반도에서 배를 띄우면 그냥 가만히 있어도 규슈 북단 또는 혼슈 중간 어디쯤 닿는다고 한다. 이들이 소위 말하는 최초의 도래인이다. 만 년이 흐르도록 아무 변화가 없던 섬나라에 갑자기 새로운 바람이 분다. B.C. 300년경, 밑도 끝도 없이 하늘에서 뚝 떨어진 것처럼 벼 농사를 짓기 시작한다. 그것도 세련된 방식의 수경재배 논농사이다. 규슈지방 에 남아있는 20만 평 규모의 요시노가리 유적은 세계적으로도 찾아보기 힘든 소중한 당시의 자료이다. 그로부터 A.D. 300까지 일본열도에서는 청동기 문 화가 지속된다. 다른 지역보다 청동기 문화가 늦은 이유는 도래인이 그것을 가 져다주었기 때문이다. 이 시기를 '야요이시대'라 부른다. 세형동검이 발견되었 고, 민무늬 토기를 사용했다. 중요한 것은 이 시기의 인구 증가율이 기하급수 적으로 폭발적이었다는 사실이다. 도래인과 아이누족 사이에서 혼혈아도 많이 태어났을 것이다. 현대 일본인 유전자 조사에 의하면 놀랍게도 전체 인구의 약 70% 정도가 한반도의 우리들과 DNA가 일치한다고 한다.

일본 초기의 조몬시대와 야요이시대를 살펴보면서 한 가지 드는 생 각은, 도래인이 없었으면 일본열도에서는 아직도 조몬시대가 지속되고 있겠 구나 하는 것이었다. 내가 부산으로 이사 와서 처음 살기 시작했던 때 영도 얘 기를 들은 적이 있다. 영도에는 한번 들어가면 사람들이 잘 안 나온다고 했다. 그 말이 무슨 뜻인지 그때는 알 수가 없었다. 살면서 차츰 관찰을 해 보니 영도 가 사람 살기에 좋은 섬이란 생각이 들었다. 한번 들어가서 좋으니까 안 나오 는 거다. 그리고 섬 안에 들어와 있다는 공간적인 자각은 섬 밖으로 나가기가 번거롭다는 행동양식을 만드는 것 같았다. 일본을 영도에 견주어 다시 생각해 보면, 일본은 영도처럼 사람 살기에 좋은 섬인 것이다. 천재지변만 없다면 지 구의 위도상으로도 무릉도원이다. 하늘과 땅으로부터의 변고만 없다면 어제가 오늘이고 오늘이 내일이다. 그러니 일본 내에서는 딱 두 가지 변수만 고려하면 되겠다. 자연재해가 있을까 없을까, 배를 타고 저 멀리서 누가 올까 안 올까 이

것이다. 특히 문명에 관한 변수는 후자 한 가지뿐이다. 누가 들어오는 일이 없
다면 천년이고 만년이고 살아가는 패턴에 변할 것이 없다. 야요이시대 이후의
일본 연대기는 밖에서 배를 타고 누군가가 들어와서 변화를 일으키는 그때가
바로 시대적 기점의 포인트라 할 수 있다.

　　　　이후의 일본 역사는 고분시대(A.D. 300년경~600년경), 아스카시대(A.D.
550년~710년), 나라시대(A.D. 710년~794년), 헤이안시대(A.D. 794년~1185년) 등으로
기술된다. 이러한 시대의 구분과 흐름은 동아시아 전체 역사의 변화적 양상 속
에서 바라보아야 올바른 이해를 얻을 것이지만, 우선은 우리의 삼국시대가 일
본의 이 시기를 이끌어간 핵심 동력이라는 점을 지적하지 않을 수 없다. 요즘
은 오국시대란 표현이 더 익숙하다. 고구려, 백제, 신라에 가야와 일본을 포함
하여 생각함이 옳다. 그만큼 고구려, 백제, 신라, 가야는 일본과 긴밀했다. 특히
백제와 일본과의 관계는 두 개의 다른 나라 같지가 않다. 백제 왕자가 일본에
서 거주하는 일은 정례화되어 있었던 것 같고, 아직기와 왕인 같은 백제의 인
물들이 일본에 문명의 꽃을 피우게 해 준 것은 틀림없는 사실이다. 일본에 처
음 와서 보면 놀라운 발견 중 하나가 여기서는 한자가 곧 일본어라는 건데, 그
한자를 일본에 전해준 사람이 바로 백제의 왕인이다. 한자가 없는 지금의 일본
을 상상하자니 도무지 말이 안 된다. 한자로부터 가나가 응용되어 만들어졌으
니 더욱 그렇다. 백제인 스승 덕분에 일본의 초등학생들은 한자를 반드시 배워
야 하는 곤욕을 치른다. 어릴 때부터 보통 일이 아니구나 싶다. 우리 아이들은
한자를 안 배우니 상대적으로 행복하다고 해야겠다. 그리고 일본 왕실의 며느
리는 대다수 백제의 여자들이었다. 대표적인 가문으로 소가씨가 있다. 백제가
나당연합군의 공격으로 멸망에 이른 660년, 일본에서는 백제 부흥을 기치로

대대적인 출정을 감행한다. 그것이 바로 당시 동아시아 최대의 전투로 기록되어 있는 663년의 백촌강 전투이다. 당시 일본은 자국의 사활을 이 전투에 걸다시피 했다. 백제와의 관계가 어느 정도였는지를 여실히 짐작할 수 있다. 신라가 삼국을 통일한 이후의 동아시아 정세는 사상 유래가 없는 문화융성기였는데, 이때 나라시대에 접어든 일본은 천황중심의 중앙집권제를 확립하고 비약적인 사회 발전을 이루어 정치, 문화, 예술 등 모든 면에서 대륙의 수준과 어깨를 겨눈다. 당과 신라보다 더 높은 경지의 예술성을 획득한 작품도 생겨난다. 외국으로부터 문물을 받아들여 열심히 자기화하고 나아가 개성과 독창성으로 새로운 혁신을 이룩함으로써 오히려 선배인 외국을 능가해 버리기도 하는 일본을 여기서 만나게 된다. 이렇게 8세기의 동아시아 문화는 일본의 급성장과 더불어 세계사에 유례가 없이 찬란하게 빛나게 되었다. 15세기 서양 르네상스 전성기의 도나텔로나 미켈란젤로가 울고 갈 그런 시대였다.

4. 사무라이

역사상 딱 두 번의 외침을 받은 일본. 만약 한반도와의 거리가 50km만 가까웠어도 외침의 횟수가 열 배는 늘어나지 않았을까? 그리고 태평양의 관문이기 망정이지 다른 곳에 위치했더라면 지금의 일본은 어림도 없다. 외침의 첫 번째는 몽골의 쿠빌라이 칸이 고려와 연합하여 일본 정벌에 나섰던 13세기 후반이다. 여몽연합군은 대마도를 거쳐 지금의 후쿠오카 앞바다에 상륙하여 단숨에 일본을 초토화시킬 것으로 예상되었지만 바로 그때 그 유명한 신풍(카미카제)이 불어 싸울 수 있는 여력을 상실해 버린다. 전열을 가다듬고 2차 원정을 감행했지만 역시나 똑같이 태풍이 몰아닥쳐 대부분의 배가 침몰한다. 당시 일본은 어수선한 정국 속이었으나 너무나도 운 좋게 때마침 태풍이 불어주어 몽골군에게 짓밟히지 않았다. 가뜩이나 신을 좋아하던 일본인들은 진짜로 자기네들을 지켜주는 확실한 신이 있다고 믿게 되었다. 『고사기』에 보면 아마테라스 오미카미의 위 계보에 자리한 신들도 당연히 천황가로 연결되고 있어, 신의 아들이자 그 자손인 천황의 존재론적 입지는 더욱 견고해지고 민족주의 열풍마저 불러일으켰다. 신이 보호하는 나라 일본, 신국일본이란 자의식이 깊어져 무슨 짓을 해도 신의 가호 아래 모든 합법성과 정당성을 얻게 될 것만 같았다. 카미카제는 일본 역사상 두 번째 외침에서도 그 이름의 신통함을 드높일 것 같았다. 하지만 자살특공대에 붙여진 그 이름은 패망의 깃발을 유감없이 휘날리며 장렬히 산화하게 된다. 바로 제2차 세계대전 미국과의 전쟁에서였다.

　　자기 민족만이 우월하다는 관념에 빠지고 나면 그 다음에는 무슨 짓을 하려고 할까? 좋은 말로는 애국주의일 테고 덜 좋은 말로는 국주주의일 텐데, 하나의 민족이 갖는 이러한 선택받은 자로서의 태도는 역사적으로 보아 확실히 장점보다는 단점이 더 많다. 대표적인 경우가 유대인이다. 예수 탄생 이후 어차피 세상이 이렇게 흘러왔으니 여기서 무슨 말을 한들 아무 소용없겠지만, 유대인의 선민사상이 없었더라면 지금쯤 보다 나은 세상에서 우리가 살고 있을 것만은 확실하다. 일본도 신국사상에 젖어 민족 우월주의에 빠졌으므로 이것이 곧 우리나라의 불행과 직결된 것이다. 자국민 우월주의는 우리의 성장 과정에서도 흔히 보아 왔듯이 공부 잘 하는 아이들이 갖는 우등생 콤플렉스와 유사한 양상으로 나타난다. 크게 두 가지 상황에서 두 가지 패턴으로 나타나는데, 첫째 상황은 자기보다 공부 못하는 아이를 대할 때 먼저 가르치려고 하고 그 다음은 무시한다. 둘째 상황은 자기보다 공부를 예기치 않게 더 잘하는 아이와 마주했을 때 먼저 무시하고 그 다음 이기려고 한다. 일본의 선민주의는 어느 쪽에 해당될까? 역사적으로 일본은 천년의 세월을 사무라이 칼 아래에서 지배의 규칙을 축적한 나라이기 때문에 사회의 표면은 인도의 카스트 체제와 다르지 않다. 천황은 천황이고 사무라이는 사무라이이며 평민은 평민이고 천민은 천민이다. 엄격한 신분제도가 씨줄과 날줄이 되어 사회 시스템을 꼼짝달싹할 수 없이 거미줄처럼 짜버린 그런 나라. 이런 신분제가 지금으로부터 정확히 150년 전까지 일본열도에서 싱싱하여 생전에 바꿀 수 없는 그런 제도였던 것이다.

　　　일본의 상징처럼 인식되어 있는 사무라이 계급은 도쿠가와 막부 시절에도 전 인구의 10%가 채 되지 않았다. 또한 사무라이 내에서도 계층이 몇 겹 있어서 하급 사무라이가 상급을 넘볼 수 없는 구조로 되어 있었다. 무신집권의 세상을 열었던 초기 가마쿠라 시대(1192~1333)의 사무라이들은 무예에 대한 자부심이 대단했고 이후 무로마치 시대(1338~1573)의 사무라이들은 예술적인 감각도 탁월했다. 일본의 상류사회를 형성하는 주인으로서의 위엄을 가지고 있었다는 얘기다. 무엇보다 사무라이들은 평민과 천민에 대한 처형권을 가지고 있어서 전 국민의 90% 이상을 차지했던 일반 백성들은 사무라이한테 잘못 걸려 죽을까 봐 벌벌 떨어야 했다. 예를 들어 미국의 페리 함대가 에도에 들어와 토쿠가와 막부에 개항을 요구하며 한바탕 세상을 뒤집었던 1853년 이후에도 사쓰마 번의 번주 아버지가 교토로 행차를 하는 길에서는 평민들이 무조건 좌우 도열하여 고개를 들지 못한 채 엎드려야 했다. 만약 고개를 들어 올려다보는 자가 있으면 행차를 호위하던 사무라이의 칼에 죽음을 면치 못했다. 메이지 유신이 코앞에 다가온 시점에서도 그 정도였으니 이전에는 어느 정도였을지 짐작하고도 남음이 있다. 조선통신사 행렬의 기록에도 일본 백성들이 땅에 엎드려 있었다는 표현이 보인다. 현재 일본사람들은 전 세계에서 친절하기로 1등 아니면 서러워할 텐데, 그 까닭은 조상들로부터 물려받은 '상대에 대한 두려움'이 무의식을 온통 장악하고 있기 때문이 아닐까 싶다. 상대의 신분을 모르고 함부로 대했다가 만약 그가 자기보다 높은 상급 사무라이라면 고난을 면치 못할 것이다. 평민이 사무라이 신분을 못 알아보는 날에는 그날로 각오를 해야 한다. 상대의 신분이 정확하게 파악되기 전에는 무조건 머리를 숙이는 것이 상책이다. 오늘날 일본인들의 아주 밝은 인사성은 이처럼 아주 어두운 역사의 산물이다. 요즘도 일본사람들은 처음 만나는 이에게 명함을 건네는 것이 관례이다. 자기를 먼저 밝혀 상대의 경계를 푼다. 그러면 상대에 관한 정보도 얻을 수 있다. 남자가 마음에 드는 여자에게 데이트 신청을 할 때도 먼저 신분증을 건네며 자신의 안전성부터 확실히 밝힌다는 말을 들었다. 치한이 설치는 탓도 있겠지만 기질적으로 그렇다.

5. 메이지 유신

2013년에 발간된 유홍준의 『나의 문화유산답사기-일본편1 규슈』 323쪽을 보면 일본에 대한 지리상의 소개가 이렇게 적혀 있다. "일본은 전형적인 섬나라로 혼슈, 홋카이도, 규슈, 시코쿠 등 4개의 큰 섬과 약 7천 개의 작은 섬으로 이루어져 있다. 전체 면적은 38만 제곱킬로미터로 한반도의 1.7배이며 인구는 1억 3천만 명으로 남북한 인구의 거의 2배이다. 일본 열도는 긴 대신 폭이 좁아 넓은 평야가 없다. 산은 높고 가팔라서 하천은 대부분 짧고 유속이 빠르다. 3,776미터의 후지산을 비롯해 2,000미터가 넘는 산이 무려 500개가 넘는다." 그보다 한 해 전인 2012년에 베스트셀러로 널리 읽혔던 재레드 다이아몬드의 『총, 균, 쇠』 630쪽을 보면 지리상의 특징으로 포착한 흥미로운 관찰이 있다. "일본은 지리학적으로 영국과 매우 유사한 특성을 보인다. 두 나라는 각각 유라시아 대륙의 동쪽과 서쪽에 위치한 군도이다. 그러나 영국은 프랑스 해안에서 겨우 34.5km 떨어져 있을 뿐이지만, 일본은 아시아 본토(한국)에서 177km, 러시아 본토에서는 290km, 그리고 중국 본토에서는 740km나 떨어져 있다. 역사를 통틀어 일본과 아시아 본토와의 관계보다 영국과 유럽 본토와의 관계가 밀접했던 까닭은 아마도 이 때문일 것이다. 이러한 지리적 여건 때문에 일본은 더욱 고립될 수밖에 없었고, 결과적으로 영국보다 독자적인 문화를 형성하게 된 것이다."

　　　이러한 지리상의 특징은 내부경제의 사정에 따라 역사적 흐름의 향방이 결정된다. 다행스럽게도 일본은 풍부한 해양자원이 있어 내수가 충족되었으므로 지리상의 고립이 도리어 안으로의 융성을 가져올 수 있었다. 임진왜란이 끝난 뒤 토요토미 히데요시 파와 토쿠가와 이에야스 파가 전국의 패권을 걸고 한 판 세게 붙은 1,600년의 세키가하라 전투 이후 일본 자국 내에서는 전쟁 없이 고요한 250여 년의 세월이 흘렀다. 그 세월 동안 나가사키에서 네덜란드 상인에게만 출입을 아주 조금 허락하고 나머지 항구는 꽁꽁 닫았다. 토쿠가와 막부의 쇄국 통치시절이었다. 전쟁이 없으니 사무라이들을 칼을 차고 할 일이 없었다. 그러니 예전부터 물려받은 고상한 취미를 몰두하는 것으로 인생을 보냈다. 글 쓰고 그림 그리고 노래를 듣고 정원을 가꾸고 생각에 잠기었다. 가끔 조선에서 통신사를 불러 성리학 강의도 들었다. 예의범절을 갖추고 명예를 소중히 여기게 되었다. 칼잡이에게 인문학이 첨가되니 묘한 격조가 생겨났다.

미국이 나타나 고요한 일본의 문을 두드린 1853년의 쿠로후네 사건. 당시 일본인들의 눈에 미국 함대의 검은 색감이 인상적이었나 보다. '검은 배'의 일본 발음인 쿠로후네는 일본의 오랜 쇄국이 종지부를 찍는 신호탄이었다. 페리 제독은 함포를 쏘며 미일수호통상조약을 강요했다. 무력에 의한 개국이었다. 그러나 미국의 속마음은 일본을 식민통치하려는 정치적 흑심이 아니라 본토에서 하와이를 거쳐 태평양을 가로지르는 선박의 정박지를 얻기 위한 경제적 목적이었다. 태평양의 고래를 죄다 잡아 기름을 계속 짜내는 일이 우선이었다. 서구 제국주의의 전형적인 방식인 불평등조약을 체결하고서도 다행스럽게도 일본은 몰락이 아니라 그 반대인 상승의 계기를 잡은 것이다. 일본은 그 특유의 기질을 유감없이 발휘했다. 기회를 놓치지 않고 그러한 상승 무드를 급상승 드라이브로 질주하기 시작했다. 1868년 메이지 유신은 천황을 권력의 전면에 내세우는 막부 타도의 개혁이었지만 실제로는 지난 2천 년간 살아온 민간의 전통조차 모조리 한꺼번에 집어 던지는 의식의 대전환 혁명이었다. 유신 개혁파 권력자들은 곧바로 서양에 시찰단을 파견하여 서구문명의 모든 분야를 배우고 도입한다. 그 옛날 견수사, 견당사를 보내 율령제를 확립하고 신흥 불교를 기반으로 고대국가를 우뚝 일으켰던 성장의 역사가 다시 한번 되살아나는 순간이었다. 징병제에 의한 신식군대 육성, 상공업 발전 우선 정책, 신분제 철폐, 서구식 교육 등 새로운 세상을 향한 개혁에 고성능 날개를 달고 날았다.

　　일본인은 일본보다 나은 그 무엇을 보면 본능적으로 재빨리 흡수해버리는 재주가 대단히 비상하다. 서양과 처음 마주했을 때, 그 가공할 서구문명의 위력 앞에서 일본이 하루 속히 서양처럼 되지 않으면 안 된다는 불길 같은 각성이 타오른 것이다. 공부 잘하는 아이가 더 잘하는 아이를 만났을 때 이를 악물고 이기려 하는 심리였다. 이러한 일본의 의지는 무능하며 고리타분한 사무라이 막부를 깨끗이 몰아내고 세상을 급속도로 개조하는 막강한 추진력을 발휘하여 1870년대에는 이미 불과 몇 해 전의 그 일본이 아니었다. 1875년에 군함 운요호를 강화도 앞바다에 보내 조선을 농락했을 때 이미 일본은 막강한 기술력을 보유한 서구의 열강들과 다르지 않았다. 마침내 1876년 일본은 그들이 미국에게 당했던 것과 똑같은 방식으로 조선을 일방적으로 공략한다. 조선의 쇄국정책이 빗장을 풀 수밖에 없었던 강화도 조약이 일본의 무력 앞에서 맥없이 체결되었다. 역시 완벽한 불평등조약이었다. 미국에게 배운 대로 똑같이 조선에게 써먹는 것처럼 보였지만 일본이 넘어다보는 미래는 결코 그 정도가 아니었다.

　　그 이후는 우리가 너무나 뼈저리게 잘 알고 있다. 그리고 지금은 그 뼈저린 세월을 다 잊어버리고 일본을 옆집 드나들 듯이 자유롭게 다닌다. 1910년 이후 조선 식민지를 기반으로 일본이 얼마나 엄청난 경제성장을 이루었는지는 우리나라 1970년대 한강의 기적이 정말 왜소할 정도이다. 그야말로 조선을 손안에 넣고서는 비약적인 발전을 이룩했던 일본이다. 때마침 유럽을 휩쓴 제1차 세계대전 덕분에 특수까지 겹쳐 1919년 우리가 처절하게 독립을 외치던 그해 일본은 사상 초유의 경제성장률 달성했다. 조선총독부가 무단통치에서 문화통치로 자세를 고친 이유는 그만큼 경제적으로 정신적으로 여유가 생겼기 때문이었다. 말이 문화통치이지 여유를 가진 자의 식민지 정책은 조선의 뿌리마저 다 뽑아버릴 기세였다. 그때부터 본격 가동된 한민족 역사 왜곡은 조선사편수회를 거치면서 해방 70년이 지난 지금까지도 우리의 의식 밑바닥을 장악하면서 소름 돋는 영향력을 행사하고 있다. 내가 우리나라 한민족의 역사를 잘 모르는 까닭이 여기에 있다. 우리 조상님들이 진짜로 어떤 분들이셨는지 정확히 알 수가 없다.

        1937년 중국과 전쟁을 벌일 당시 일본은 유럽을 넘어선 막강한 군함과 전투기를 보유한 강국이었다. 하와이 공습으로 미국과 맞붙은 제2차 세계대전에서 일본이 보유했던 전함 야마토호는 세계 최대의 규모를 자랑했다. 우리나라에는 아직도 그만한 규모의 전함이 없다. 패전 이후에도 일본은 휘발유 부은 불꽃같이 극적으로 되살아나 승승장구하여 1980년대에는 미국을 돈으로 다 사버릴 것만 같았다. 하지만 오늘도 일본은 한반도 동쪽 끝에서 눈에 잘 보이지도 않는 조그만 독도를 자기네 땅이라고 여전히 우기고 있다. 잘 난 아이들은 대체로 잘못된 고집을 꺾지 않는다. 문득 아침에 들린 마트에서 친절하게 맞아주던 일본사람이 떠오른다. 상냥하고 부드러운 인사가 눈앞에 어른거린다. 진심 어린 미소를 담아 아리가토 고자이마스라고 했다. 마음에 따스한 기운이 전해진다. 참 흐뭇하고 다정한 일본인 이웃이다.

개혁의 땅, 조슈와 사쓰마

1. 야마구치현(山口縣) 하기시(萩市)로 향하다

부산에서 후쿠오카는 제주도보다 가깝게 느껴진다. 이런 근거리 느낌은 역사적으로도 두 나라가 가깝게 지낼 수밖에 없었던 증거 같다. 그냥 그렇겠군, 하며 고개를 끄덕이게 된다. 인터넷에 찾아보니 부산과 후쿠오카의 직선거리가 170km라고 나온다. 비행기를 타면 이륙 후 음료수 한 잔 마시고는 바로 착륙이다. 후쿠오카에는 휴가차 쇼핑이나 일본 음식 먹으러 오는 사람들이 대다수겠지만, 나는 여행에 반드시 목적이 있어야만 움직이는 타입이라 어디 가게 되면 쉬기는커녕 평소에 하는 일보다 더 힘든 일을 하게 된다.

이번에도 여느 때처럼 간신히 시간을 내어 한동안 머리에서 맴돌고 있었던 메이지 유신 관련 인물들을 직접 찾아보기 위해 후쿠오카에 온 것이다. 비행기가 내리는 곳이 후쿠오카이니 이곳을 중심으로 메이지 유신 테마 여행이 시작되었다. 움직이는 방향이 어느 쪽이든 한 방향이면 시간도 절약하고 좋았을 텐데, 조슈와 사쓰마가 목적이니 후쿠오카를 중심으로 북쪽으로 갔다가 다시 돌아와서는 남쪽으로 갔다가 또 돌아와야 하는 왕복 코스를 피할 수 없었다.

도착한 다음 날 아침 일찍 북쪽으로 향했다. 가는 곳은 바로 아베 전 총리의 본거지인 야마구치현(山口縣)이고 그 중심인 하기시(萩市)이다. 1868년의 메이지 유신을 촉발시킨 바로 그 장소, 생전의 아베가 가장 존경했다는 요시다 쇼인(吉田松陰)의 고향이다. 나는 언젠가는 꼭 한번 이 땅을 내 발로 딛어 보고 싶었다. 우리 역사의 비극이 잉태된 그 냄새를 가까이서 맡아보고 싶었다. 동아시아 근대사의 핵심적인 지점으로 메이지 유신에서 주축이었던 조슈(長州) 세력의 본산. 한반도에서 태어난 나에게는 씁쓸하면서도 똑바로 응시하게 되는 장소이다.

요시다 쇼인의 생몰 연대는 정확하게 나와 있다. 1830년 8월 4일 출생, 1859년 10월 27일 사망. 고작 30년 인생이다. 그는 너무 저돌적이어서 씁쓸하다. 정한론(征韓論) 같은 생각은 하지 말았어야 했다. 우리의 안중근 의사(1879~1910)도 30년 인생이었으니 사람은 그가 처한 입장과 사명에 따라 품격이 다르다. 예수처럼 살 수도 있고 커트 코베인처럼 살 수도 있고 손흥민처럼 살 수도 있다. 다만 축구에서 골대 안으로 공을 차야 하고 골프에서 홀에 꽂힌 깃발을 향해 공을 쳐야 하는 것처럼 남다른 재능을 엉뚱한 방향으로 날리면 안 되는 것이다.

후쿠오카에서 요시다 쇼인의 고향인 하기(萩)까지는 애매한 거리였다. 규슈에서 혼슈로 넘어가야 했다. 애매하다는 느낌은 바다 탓이었다. 그 두 섬 사이 바다인 칸몬해협(關門海峽)은 서로 건너다볼 정도로 좁은데도 심리적인 단절을 일으켰다. 육지를 자른 듯한 바다였다. 숙소를 후쿠오카에 두고 당

일치기로 다녀와야 했으므로 대중교통으로는 시간을 맞출 수 없어서 토요타 렌터카를 예약해 두었다. 우리와 반대편 운전석이라 자칫 위험하기도 하겠지만 풍경을 천천히 음미할 겸 한 번 차를 몰고 가보고 싶기도 했다. 네비가 잘 장착되어 있어서 어디를 가더라도 못 찾아갈 곳이 없는 세상이다. 네비에서는 한국어도 깔끔하게 제공되고 있다.

　　　규슈의 북단인 기타규슈(北九州)에서 칸몬대교를 넘자마자 바로 시모노세키(下關)이다. 청일전쟁에서 패배한 청나라 리훙장(李鴻章)이 몸소 와서 굴욕적인 조약을 체결했던 바로 그 장소이다. 상대는 우리가 너무나 잘 아는 이토 히로부미(伊藤博文). 김훈 작가의 『하얼빈』이 출간되자마자 소설부문 베스트셀러에 오르기도 했을 만큼 초등학교를 졸업한 한국인이라면 모를 사람이 없겠다. 내가 찾아가는 조슈, 즉 야마구치의 하기는 요시다 쇼인의 고향이면서 이토 히로부미가 새로운 세상을 꿈꾸게 된 놀라운 마을이기도 하다. 이 작은 마을에서 사제 관계인 두 사람이 젊음을 불태웠다. 그들은 자기네 할 일을 열심히 했다. 시대의 변화에 맞서 환골탈태(換骨奪胎)를 위해 온 정성을 다 바친 사람들. 마침내 사무라이 일본을 개조하는 대업이 성공하기에 이른다. 그것으로 끝났어야 했는데 한반도에서 살아가는 우리에게 못 할 짓을 해 놓고 신념을 바쳐 잘했다고 생각하니 그게 문제다. 아무리 세월이 지난다 해도 가슴에 박힌 대못을 빼낼 수가 없다. 형체 없는 상처는 대물림도 잘 하더라. 응징할 타이밍도 놓치고 용서할 채비도 갖추지 못한 150년 세월을 안고 규슈에서 혼슈로 건너간다.

2. 하기(萩)의 쇼인신사(松陰神社)에 들어서다

시모노세키를 지나 하기로 가는 길은 첩첩산중이었다. 원체 산이 많은 일본이라 나고야 위쪽의 알프스 지역에 비하면 겹겹이 솟은 봉우리가 그리 위협적이지는 않았다. 이리저리 고불거리는 국도를 타고 하기로 들어설 즈음에는 우리나라 풍경과 비슷하다는 기분이 들었다. 편도 1차선 길을 달리며 오른손만으로 운전대를 잡고서 왼손에 들린 카메라의 레코딩 버튼을 눌렀다. 카메라 모니터에 들어와 스치는 차창 밖 풍경을 흘깃 보니 시간이 거꾸로 흐른다는 인상이 들었다. 1900년대가 뒤로 멀어져 가고 메이지 유신이 어깨너머 뒤로 유유히 미끄러진다. 차가 앞으로 달릴수록 나는 계속 시간을 거슬러 에도 막부 시절을 향해 가고 있다.

하기의 진입로는 고요하고 순순하며 평화롭게 과거를 당겨와서 오히려 긴장감이 들었다. 차도 갓길에 '유네스코 세계 유산, 명치 일본의 산업혁명 유산'이라 쓰인 사각기둥이 보인다. 도시의 경계를 통과하는 현관문 같은 구조물 위에는 '메이지 유신 태동의 땅'이라는 간판에 걸려 있기도 했다. 후쿠오카, 기타규슈, 시모노세키와는 사뭇 다른 공기였다. 차 안에 있는데도 온몸을 휘감는 다른 공기의 느낌이라니, 그만큼 내가 이 마을을 향해 호기심과 긴장감이 뒤섞여 있었나 보다. 도착 목표 지점은 요시다 쇼인을 모신 '쇼인 신사'이다. 도시의 관문을 지나니 도로는 편도 2차선으로 넓어졌다. 얼마 가지 않아 신사 입구의 주차장이 나타났다.

쇼인 신사 초입에서 키보다 큰 입 간판이 보였다. '明治維新の産業革命遺産 松下村塾 世界文化遺産 登錄'이라고 쓰여 있다. '산업혁명'이란 표기가 잠시 눈에 낯설게 들어왔다. 메이지 유신과 산업혁명이 붙어 있으니 얼른 익숙해지지 않았으나 곧바로 수긍할 수 있었다. 내겐 영국과 산업혁명이 등식으로 자리하고 있나 보다. 그 옆에 송하촌숙이라고 표기된 그곳이 바로 '쇼카손주쿠'이다. 그러니까 요시다 쇼인이 강의했던 사숙(私塾) 건물의 둘레에 신사가 들어섰다는 얘기다. 우리로 치면 서당이나 과외 공부방 같은 셈인데, 하기라는 작은 마을에서 그중에서도 아주 작은 학원 하나가 세계문화유산에 등록이 된 것이다. 표기상으로 알 수 있듯이 쇼인 신사 전체가 아니라 그 안에 있는 쇼카손주쿠 건물 한 채만이 세계문화유산이다.

　　요시다 쇼인이 쇼카손주쿠에서 강의를 했던 기간은 사실 무척 짧다. 에도 막부의 국사범으로 감옥에 갔다가 출소한 뒤 생가에 연금되었던 바로 그 시기, 1857년 11월부터 1858년 12월까지 1년 1개월의 시간이었을 뿐이다. 하기의 노야마(野山) 감옥 생활 도중 강의 경력을 쌓았던 것까지 합쳐도 3년이 채 되지 않는다. 그런데도 그의 사숙 장소가 세계문화유산이다. 그 까닭은 바로 당시의 쇼카손주쿠 문하생들 가운데서 에도 막부를 종결짓고 근대 일본을 창출한 주역들이 대거 탄생했기 때문이다. 쇼인은 존왕양이(尊王攘夷)를 외쳤고 그의 제자들은 그 뜻을 사명으로 받들었다. 제자들은 존왕양이로부터 존왕토막(尊王討幕)으로 나아갔다. 그러한 일련의 과정에서 양이(攘夷)는 자기네들의 힘에 부치는 일임을 여실히 깨닫게 되었다. 외세를 몰아내기 위해 미국 상선과 프랑스, 네덜란드 함선을 향해 포격을 가해 보았으나 그 후폭풍으로 1864년 미국, 네덜란드, 영국, 프랑스 등 4개국 연합 함대에 의해 되로 주고 말로 받듯이 조슈의 해안포대가 가공할 보복 폭격에 초토화되고 말았다. 너덜너덜해진 뒤에야 서양 세력과 맞설 수 없다는 현실을 통감하고 방향을 전환했다.

요시다 쇼인의 외세 배척 사상은 '다듬어지지 않은 원석들'이었던 제자들에 의
해 행동으로 옮겨지는 과정에서 서양 문물을 받아들여야 한다는 쪽으로 급선
회한다. 그런데 쇼인의 양이 사상을 자세히 들여다보면 무조건 외면하려는 그
런 배척이 아니었다. 이겨서 쫓아내겠다는 신념이 저변에 단단히 자리를 틀어
잡고 웅크린 것이었다. 부국강병으로 서양 세력과 대등하게 힘을 키우는 일이
우선이었다.

      쇼카손주쿠 안을 들여다보니 이곳 출신 위인들의 사진이 걸려 있다.
맨 위 줄 가운데가 요시다 쇼인이다. 쇼인만이 실물 사진이라기보다 초상화처
럼 보인다. 두 번째 줄 맨 오른쪽 얼굴은 확실히 알겠다. 이토 히로부미다. 이토
의 생가는 쇼인 신사 오른편 골목을 따라 안쪽으로 걸어가면 신사옥과 함께 보
이는데, 국가 사적으로 지정되어 있다. 사진 속의 나머지 인물들도 메이지 유
신의 주역들이라 일본에서는 유명하다. 쇼인이 안세이 대옥(安政の大獄, 1858)의
존왕양이파 숙청 과정에서 에도로 끌려가 처형당한 후 행동력으로 유지를 받
든 1차 돌격대는 소위 '쇼인의 사천왕'이라 불린 구사카 겐즈이(久坂玄瑞), 이리
에 구이치(入江九一), 요시다 도시마로(吉田稔磨), 다카스키 신사쿠(高杉晋作)이
다. 이들은 모두 1868년이 오기 전 20대의 나이로 장렬히 산화했다. 쇼인의 유
해를 찾아 안장했던 기도 다카요시(木戸孝允)와 이토 히로부미는 막부 반동의
칼날 아래 살아남아 새 시대 메이지 유신의 주역으로 떠오른다. 기도 다카요
시는 사쓰마(薩摩)의 오쿠보 도시미치(大久保利通), 사이고 다카모리(西鄕隆盛)와
함께 소위 유신 3걸로서 추앙받는 인물이다. 그는 국민의 교육 수준을 끌어올
려야 한다고 주장했다.

      쇼인 강의 당시 쇼카손주쿠의 문하생은 약 90명 정도로 추정된다

고 한다. 입학 자격에 신분의 높낮이로 차별을 두지 않아 누구나 배우고 싶은 사람이라면 자유로운 출입이 가능하여 짧게 공부한 사람이 머문 기간은 2주도 채 안 된다고 한다. 신분에 상관없이 학생을 받아들인 이런 점이 요시다 쇼인의 비범함이다. 만약 신분에 제한이 있었더라면 농민의 아들로 태어난 이토 히로부미는 역사에 남아 있지 않을 것이다. 아울러 동아시아 역사도 바뀌었겠지. 이토의 아버지가 하급 무사 집안에 양자로 입적되긴 했지만 그래도 훗날의 이토는 기적이다. 이곳 수업은 원래 쇼인 집안의 대물림 전공이었던 군사학 강의뿐만 아니라 선생과 학생이 서로 격의 없이 대등한 입장에서 나누는 토론으로 진행되었다. 당시의 국제 정세를 주제로 질의응답과 견해 주장이 무척 진지한 분위기여서 주변에 소문이 자자해졌다. 당면한 현실을 알고자 하는 사람이라면 1순위로 찾아오는 학당으로 급속히 자리 잡는다. 쇼인은 『맹자』에 매료되어 『강맹여화(講孟余話)』라는 책을 저술했는데, 여기서 만세일계(萬世一系) 일본 국체(國体)의 독자성과 시대적 위기에 맞설 사명을 역설하여 젊은 지식인들의 열광적인 호응을 불러일으킨다. 이들 중 1863년 조슈 기병대 대장이 된 야마가타 아리토모(山縣有朋)는 군사 강국 일본을 주도하고 야마가타의 심복이었던 데라우치 마사타케(寺內正毅)는 1910년 조선합방의 주역이 된다.

　　　쇼카손주쿠에서 쇼인 신사 본당까지는 잘 가꾸어진 산책길로 연결되어 있다. 정원을 돌아가는 우회로도 있는데 길 이름이 '學びの道', 즉 배움의 길이다. 영어로는 'Showin Street'라고 적혀있다. '自立學習の祖 吉田松陰先生'이라 새겨진 비석도 있다. 지금까지도 자립학습의 본보기로 추앙받고 있는 요시다 쇼인이다. 주변 경관은 소박한 일본식 정원으로 드문드문 사람들이 쉬고 있는 모습도 보인다. 어떤 사람이 솥뚜껑 같은 철판을 두드리며 연주를 하

고 있다. 두드릴 때마다 음계가 구분되어 들리는 것이 신기했다. 음악의 리듬을 따라 걸으니 쇼인 신사의 도리이(鳥居) 앞이다. 만(卍)자가 새겨진 등이 먼저 눈에 들어왔다. 그리고 신사의 본당에도 흰 천에 만자가 붙어 있었다. 입구의 큰 천에서부터 안쪽에 있는 작은 천에까지 거의 만자로 도배되어 잠시 나치 문양과 혼동이 일었다. 서양사람들이 여기 오면 놀라겠다 싶었다. 만자 모양은 중심에서 오른쪽으로 도는 우 만자(■)와, 왼쪽으로 도는 좌 만자(卍)로 나누어진다. 둘 다 같은 것이나 절은 좌만, 나치는 우만으로 인지되어 있다. 본래 만자는 불교에서 정토를 의미한다고 알고 있는데, 신도(神道)를 숭배하는 쇼인 신사에서 마주치니 생경한 느낌이었다.

3. 남쪽 나라 가고시마(鹿兒島)로 가다

하기(萩)를 떠나 시모노세키(下關) 앞바다에 잠시 멈춘다. 해안가에 우뚝 선 143m 높이의 '카이쿄 유메 타워(海峽 ゆめ タワ)' 전망대에 오르니 칸몬(關門) 해협이 한 뺨에 잡힌다. 거대한 역사의 물결이 몇 장의 사진처럼 연결되어 머리를 스친다. 저 좁은 해협을 줄지어 빠져나가는 조선 통신사 행렬도 상상으로 떠오르고, 무술(戊戌)년에 퇴각한 왜병의 무리가 신기루처럼 아른거리기도 한다. 야마구치에서 메이지 이후 지금까지 몇 명의 총리가 탄생했더라? 갑자기 그 생각이 떠올라 자료를 찾아본다. 이토 히로부미로부터 아베 신조(安倍晋三)까지 8명이 얼른 눈에 들어온다. 이토와 아베는 총탄에 사라졌다. 해협의 물결은 유유히 흐르고 있다.

　　　요시다 쇼인의 죽음과 1세대 제자들의 죽음, 그리고 다음 세대의 성취를 생각하면, 대업은 당대에 이룰 수 없고 세대를 건넌다. 큰 뜻을 이루고자 한다면 지금 비록 죽더라도 먼 훗날 펼쳐질 세상에 대한 신념이 필요하다. 예수가 죽고 그의 1세대 제자들도 죽고, 뒤로도 오랜 박해를 견뎌 향후 2천 년을 장악한 기독교를 보아도 그렇다. 기독교를 떠올리다 보니 죽은 뒤 신격화되는 모습은 쇼인과 예수가 무척 닮은 것 같다. 쇼인이 구상했던 '대동아 공영론'의 중심인 제국 일본의 지도가 현실로 떠오를 줄이야 누가 알았으랴! 쇼인의 후예들이 날뛰던 일제 강점기에 우리의 애국지사들이 그토록 죽고 죽고 또 죽고 나서야 오늘날 호사를 누리는 우리가 있다. 후쿠오카로 돌아오는 길에 지금의 내가 단지 이 시점의 '나'가 아님을 생각한다.

　　　렌터카를 반납하고 텐진으로 간다. 나에게 후쿠오카의 첫 느낌은 텐진역 파르코 백화점 근처 스타벅스에 꽂혀 있다. 일본에서는 스타벅스를 일본식으로 줄여 스타바라고 부른다. 후쿠오카 텐진의 스타바, 이곳에서 나는 평민으로 살아가는 일본인의 친절을 처음 겪었다. 사무라이가 아닌 평민의 모습은 제국주의 일본과는 딴판이었다. 스타벅스는 글로벌 커피숍이라 세계 어디를 가든 매장 직원들의 태도가 비슷하다. 근데 유독 텐진의 스타바만 달랐다. 친절한 태도가 최강이었다고나 할까, 아무튼 잊을 수 없는 기억이다. 세월이 흘렀으니 사무라이 후손일 수도 있겠다. 이번에도 후쿠오카의 밤은 그곳에서 음악과 함께 조용히 의자에 기대어 있다.

　　　가고시마에는 버스를 타고 가기로 했다. 돌아올 때는 기차를 이용할 계획이다. 텐진 고속버스 터미널에서 아침 일찍 떠났다. 남쪽으로 향하는 규슈 지방 풍경은 이상하다 싶을 정도로 우리네 경상도와 비슷했다. 부산에서 대구

가는 기분이었다. 낯설지 않은 규슈의 산천을 창밖으로 바라보며 이곳 사람들
은 확실히 오사카나 도쿄 사람들과 다르겠구나 싶었다. 더불어 우리와 비슷한
기질을 갖고 있지 않을까 짐작되기도 했다. 풍토가 사람의 기질을 결정한다고
안 할 수도 없으니 어느 정도는 유사성이 있겠지. 이런 혼자만의 생각은 무시
해도 좋을 만큼 근거가 없으나, 가고시마로 향하는 내내 창밖의 풍경으로 정서
적인 안정감을 얻을 수 있었다.

　　　　버스는 가고시마 중앙역 앞에 섰다. 확실히 처음 온 고장의 분위기
가 느껴졌다. 내겐 '사쓰마 하급 사무라이' 학습만 되어 있는 상태라 다른 도시
처럼 사람 사는 유사한 형태가 오히려 신선했다. 버스 내린 곳에서 숙소로 가
는 길을 찾으려 두리번거리니 가장 먼저 중앙역 옆 건물 옥상에 거대하게 치솟
은 원형 관람차가 눈에 들어왔다. 고소 공포증을 유전으로 물려받은 나로서는
결코 올라갈 수 없는 꼭대기 지점이었다. 저기 올라가면 가고시마 시내뿐만 아
니라 주변의 자연 풍경을 한눈에 보겠네. 역 앞 광장과 차도는 넓고 환했다. '젊
은 사쓰마의 군상'이라는 커다란 조형 기념물이 일본 근대화의 상징처럼 눈에
두드러졌다. '쇄국 시대의 유학생'이란 설명문이 인물 조각상 옆에 붙어 있다.
사쓰마 최초의 해외 유학생들이다. 근데 한 가지 특이한 탈것이 보여 이끌리듯
이 가까이 갔더니 도로 바닥에 철로가 심어진 트램이었다. 이건 안 탈 수 없지
싶어서 정차 구간을 확인했다. 숙소 근처 도보 30분 거리 반경이라면 무조건
타리라 마음먹었다. 싸지 않은 숙소를 예약해서인지 마침 그 근처에 정차 지점
이 있었다. 주머니에서 손가락이 동전을 헤아린다. 한 칸짜리 노면전차 안에서
이국의 정취에 잠시 빠진다.

4. 이곳에 최후의 사무라이가 살았다

위인들의 생애를 회고하자면 그들 유년기에 대한 언급이 대체로 다음 세 갈래인 것 같다. 어릴 때부터 총명해서 동네에 소문났다. 어릴 때는 망나니처럼 제멋대로였다. 나이에 비해 성장이 더뎌 부모님이 걱정했다. 따지고 보면 우리 모두 그 범주에 든다. 그중 하나에 걸리지 않을까? 가고시마에서 길을 걷고 있노라면 어딜 가나 한 특정 인물이 주목을 끈다. 가고시마의 영웅, 최후의 사무라이라 불리는 사이고 다카모리(西鄉隆盛)이다. 그는 위인의 세 가지 범주 중 첫 번째에 해당하는 인물이다. 사실 대체로 위인들은 어릴 때 총명한 경우가 많다.

사이고 다카모리는 1828년 1월 23일, 사쓰마 번 시타카지야마치(下加治屋町)에서 태어났다. 그의 생가터는 지도를 보니 중앙역에서 멀지 않았다. 시내를 관통하는 고쓰키(甲突) 강을 건너면 10분 남짓 걸어서 닿을 거리다. 지금은 그 지점의 바로 옆에 '유신후루사토관(維新ふるさと館)'이라는 관광 역사관이 운영되고 있는데, 가고시마시에서 운영하는 메이지 유신 기념관이다. 당시의 생활상을 체험할 수 있는 시설을 갖추고 있다. 그곳 전시실에서 인형으로 서 있는 사이고 다카모리와 전시용 생가를 만난다. 기념관은 사이고뿐만 아니라 그 시절 위인들의 사진을 전시하며 자랑한다. 그중 주목해야 할 인물은 단연 오쿠보 도시미치(大久保利通)다.

톰 크루즈가 주연했던 2003년 작 할리우드 영화 〈라스트 사무라이(The Last Samurai)〉에서 와타나베 켄(渡辺謙)의 배역이 누가 봐도 사이고 다카모리라 전 세계에 '사이고는 최후의 사무라이'라는 인식을 심은 것 같다. 하지만

사쓰마 최후의 승리자, 진정한 마지막 사무라이는 오쿠보 도시미치라고 평가
하고 싶다. 가고시마 현지 분위기는 확실히 사이고 편이고 심지어 도쿄 우에
노(上野) 공원 입구에 일본의 상징처럼 사이고의 동상이 서 있으므로 오쿠보를
옹호하면 편 들어 줄 사람 없겠으나 민심이 너무 사이고 쪽으로 경도되어 있기
에 상대적으로 오쿠보에게 마음을 써 주려 한다. 두 사람을 중심으로 가고시마
는 메이지 유신의 연장선에 있다.

　　　오쿠보도 카지야마치(加治屋町) 출신이다, 동네 이름은 고라이초(高
麗町), 우리말로 읽으면 고려정이다. 고려 마을이란 뜻인데 인근의 고쓰키(甲
突) 강을 건너는 다리 이름도 고라이바시(高麗橋)여서 과거에 고려 사람이 이곳
에 와 정착해서 살았겠구나 싶었다. 강 이름 고쓰키도 우리말 발음이 '갑돌'이
라 미스터리 역사를 좋아하는 내게 정신이 반짝하는 신선함을 안겨주었다. 그
렇다고 오쿠보가 고려인의 후손이라는 추측까진 가지 않겠다. 경주의 황금보
검을 놓고 로마제국과의 연관성을 얘기하면 보통은 바보 취급을 당한다. 문득
도쿄 북쪽 사이타마현(埼玉縣)의 '고려신사(高麗神社)'에 갔었던 기억이 나는데,
그곳의 명칭인 고려는 고구려 이주민과 관련이 있었다. 야마구치(山口)에 있는
조선 도공 후손들의 '고라이자에몬(高麗左衛門)'이란 명칭처럼 가고시마에 남아
있는 고려(高麗)라는 명칭은 정유재란 때 납치되었던 심씨 집안과 조선 도공의
삶을 연관 지어 생각하는 것이 맞겠다. 하여간 오쿠보는 일본인이고, 정확히는
에도 막부 말기 사쓰마번 하급 무사의 아들이다. 그는 사이고 다카모리와 집이
가까워 어릴 적부터 무척 친하게 지냈다. 1830년생인 오쿠보는 사이고 보다
두 살 아래지만, 같은 하급 무사 집안 출신의 두 사람은 그야말로 둘도 없는
친구로 자랐다. 그렇기에 훗날 정한론 정책으로 갈라지는 두 사람의 이야기는

영화 소재로 딱 좋을 만큼 극적이다. 정한론을 밀어붙인 사이고가 반대하던 입장의 오쿠보로 인해 정계에서 물러났고, 낙향 후 본의 아니게 사쓰마 사무라이 세력의 구심점이 되어 오쿠보의 정부군과 맞서게 되었으니 드라마가 따로 없다.

　　정한론(征韓論)은 원래 정조론(征朝論)이었는데 요시다 쇼인에 의해 정한론으로 되었다고 한다. 그러니까 에도 막부 시절 조선을 정벌하자는 국학자들의 정신 나간 주장이 있었다. 더 나아가 그들은 '해외 확장론'을 외치게 되었는데, 그 연장선에서 쇼인에 의해 첫 번째 주요 타깃이 한반도와 만주로 조준된 것이다. 『일본서기(日本書紀)』에 근거하여 고대 일본이 마한, 진한, 변한 등 삼한을 지배했다는 터무니없는 발상과 함께 임나일본부설(任那日本府說)에 따라 한반도가 원래 일본의 땅이었으니 되찾아야 한다는 논리였다. 삼한(三韓)의 '韓'을 따서 조선 침략의 명분으로 삼은 것이다. 이런 왜곡된 역사 논리에 사이고 다카모리가 온몸으로 헌신했으니 우리로서는 통탄할 노릇이다. 메이지 혁명 성공 이후 정부의 요직에 앉아 이와쿠라 사절단(岩倉使節団)을 이끌고 미국과 유럽 순방을 떠났던 오쿠보 도시미치라고 해서 정한론을 아예 배격했던 것은 아니었다. 서구 열강을 돌아보니 근대화를 이루는 내치(內治)가 우선이라고 결론지었을 뿐이다. 사절단에 합류하지 않았던 사이고가 급히 치고 나갔기에 부딪힌 것이다.

　　오쿠보의 메이지 신(新)정부는 에도(江戶)로 천도를 하고 그 지명을 도쿄(東京)로 바꾸었다. 250년 막부를 뒤집었으니 단기간에 개혁할 일이 산더미였다. 오쿠보는 구시대의 잔재를 깔끔히 정리해야 한다는 사명감에 휩싸였다. 지방 다이묘(大名) 세력을 완전히 제압하여 천황 중심의 중앙집권을 달성하는 일에 오쿠보의 재능이 빛났다. 에도 천도는 골수 도쿠가와 세력인 후다이 다이묘(譜代大名)를 제압하려는 속셈이었다. 조슈와 사쓰마는 도쿠가와 정권이 들어선 이래 변방이었고 차별받는 도자마 다이묘(外樣大名)의 지역이었다. 1600년 세키가하라(關ヶ原) 전투 이후에 충성을 맹세한, 과거 토요토미 히데요시의 잔당이라 해도 과언이 아니다. 250년 만의 정권교체에서 오쿠보는 막중한 책임과 권한을 가지게 되었다. 오늘날 총리에 해당하는 초대 내무경(內務卿) 자리에 올라 구시대 청산의 선봉에 선다. 그리고 일본을 산업국가로 탈바꿈시킨다. 사절단으로 영국에 갔을 때 공장 기계화에 깊이 감명을 받은 결과가 반영되었다.

가고시마 시내를 걷다 보면 사이고와 오쿠보의 현재 위상을 정확히 알 수 있다. 우선 동상을 보더라도 사이고는 우람하고 오쿠보는 왜소하다. 시각적으로 그렇게 느껴진다. 내가 본 사이고 동상은 이곳의 유명한 관광지인 시로야마(城山) 전망대 입구에 있었고, 오쿠보 동상은 갑돌 천변 길가에 덩그러니 서 있었다. 사이고의 동상은 크고 선명한 푯말과 함께 어디서든 보이게끔 우뚝 솟아 있었으나 오쿠보의 동상은 걷다가 모르고 그냥 지나칠 뻔했다. 한 마디로 시내 곳곳에 사이고의 흔적이 넘치고 있었다. 시내버스에 그려진 사이고의 만화 같은 얼굴, 신발 가게에도 만화 사이고가 붙어 있고 관광 상품 파는 곳에서는 사이고 인형의 몸통을 손쉽게 만질 수 있다. 심지어 유명한 흑돼지 돈까스 가게 입구에서도 사이고가 다정하게 서서 손님을 맞이한다. 이렇게 가고시마는 메이지 혁명으로 도배되어 있으며, 그 일등 공신인 사이고 다카모리를 찬양하면서 시간이 150년 전에 멈추었다. 혁명군을 이끌고 에도에 무혈 입성했던 공로는 무엇보다 빛나 보인다. 그리고 사무라이 할복으로 생을 마감한 최후는 가슴 짠하다.

　　　가고시마는 지형 구조가 특이했다. 바다가 깊이 들어와 육지에 우물을 파놓은 형태였다. 서 있는 자리에서 사방을 둘러보면 가장 먼저 눈에 들어오는 것은 활화산인 사쿠라지마(櫻島)이다. 도시의 공기에는 유황 냄새가 배어 있다. 배를 타고 15분 정도면 건너갈 수 있는 사쿠라지마는 가고시마의 불타는 기상을 상징하는 것 같다. 막부 말기 하급 사무라이에 지나지 않았던 청년들이 시대의 변혁을 이끌었던 그 기상이다. 앙숙 같았던 조슈와 극적으로 손을 잡고 위기의 순간에 성숙한 모습을 보여준 청년들이다. 1866년의 삿초동맹(薩長同盟)은 1868년 메이지 혁명 성공의 핵심 키였다. 조슈와 사쓰마가 묵은 감정을 내려놓고 한 방향을 바라보기까지 도사번(土佐藩) 출신 사카모토 료마(坂本龍馬)의 공이 크다. 도사번은 현재 시코쿠의 고치시(高知市)이다. 료마를 뒤쫓는 메이지 유신 테마 여행은 훗날에 있을 우연한 기회로 남겨둔다.

5. 돌아가는 길에 단상이 떠오르다

　　　19세기 일본의 문명개화가 지금의 나와 무슨 상관일까? 딱히 연관성이 없는데도 틈만 나면 신경이 쓰인다. 일본이 우리를 넘보지 않았더라면 지금 한반도의 생활상은 과연 어떨까? 시간은 한 방향으로만 흐르기 때문에 가지 않은 길에 대해서는 전혀 알 수 없지만 아마도 지금보다는 정신적으로 덜 피곤했겠다. 그리고 뭔가 건설적인 작업에 몰두할 수 있지 않았을까 싶다. 우리들의 내부로만 모든 에너지를 쏟았다면 인류를 위한 공헌도 많이 할 수 있었겠지. 다들 자기 내부로만 집중해서 자기 발전과 성숙으로 나아간다면 서로 싸울 일이 없을 것 같은데, 지금도 우크라이나 전쟁이 터지고 있으니 그게 말처럼 쉽지 않은 인간의 삶이고 역사다.

　　　　사이고가 정계에서 물러난 1873년, 은퇴 사유는 앞서 말한 정한론의 좌절이다. 근데 이 싸움에서 이긴 오쿠보는 불과 2년 뒤인 1875년에 운요호(雲揚號) 사건을 일으킨다. 그리고는 다음 해에 강화도 조약을 성립시킨다. 사이고가 2년만 참았더라면 죽마고우 두 사람이 사이좋게 정한론의 깃발 아래 뭉쳤을 것이다. 2년이란 시간 때문에 오쿠보 도시미치의 속내가 무척 궁금해졌다. 더구나 사이고가 자신의 손으로 일군 메이지 정부를 향해 칼을 겨누도록 유도한 핵심 인물이 오쿠보라는 사실. 중앙정부의 군부 일원화 정책으로 사쓰마의 무기를 정부에 귀속시키려 하자 번국(藩國) 체제가 뿌리 깊이 자리했던 사무라이의 머리는 혼란스러워졌다. 반발은 당연했고 그 중심으로 사이고가 떠밀렸다. 종착지는 사무라이 시대의 마지막 몸부림인 1877년의 세이난(西南) 전쟁이다. 그러니까 사이고의 죽음은 강화도 조약 이후이다. 어이가 없는 일 아닌가? 정한론의 기수 같은 사람이 정한론의 실현 이후에 죽다니, 그렇다면 진정한 정한론자는 누구란 말인가? 한 마디로 메이지 정부의 초기 관료들은 모두 다 정한론자이다.

　　　　지난 세월을 두고 우리가 너무 순진했다고 자책할 필요는 없다. 흥선대원군도 다 생각이 있어서 쇄국을 고집했던 것이고 민비도 다 생각이 있어서 러시아를 끌어들인 것이다. 그들에게는 급한 불처럼 당면한 현실이었고 타임머신이 발명되지 않고서야 지금 우리가 손댈 수 없는 세상이다. 다만 그때 칙칙하게 꺼진 불에서 발생한 불쾌한 연기를 어쩔 수 없이 우리가 맡고 살아야

하기에 억울하단 생각이 든다. 옆집이 잘 산다고 가난한 우리 집에 와서 맘대로 굴어? 그러면 안 되지. 말도 안 되지. 근데 안 된다고 생각하는 건 우리 생각이다. 도대체 우리 집에 왜 무단으로 침입했는데? 이렇게 물으면 옆집 부자가 뭐라고 답할까? 그게 다 너를 위한 거야. 너를 도와주고 잘 살게 해 주고 싶단 말이야. 그 말을 듣는 가난한 나는 답답하다. 안 그래도 돼, 내가 형편없이 살아도 신경 쓰지 말고 그냥 내버려 둬라. 그렇게 말했는데도 옆집 부자가 우리 집 안방에 들어와 앉았다면 이건 좀 다른 문제다. 심각한 저의가 있는 것이다.

조슈와 사쓰마의 인물들, 1853년 우라가(浦賀) 앞바다에 나타난 미국의 페리 함대를 보고 위기감에 심장이 뛰었던 그들. 에도 막부의 능력으로는 급변하는 세계정세를 감당할 수 없다고 판단했던 하급 사무라이들. 꼭두각시 천황을 앞세워 기적처럼 권력을 잡는다. 그리고는 우리 강산 한반도를 밟고 만주를 쓸고 중국을 파헤치며 동남아까지 불사른다. 후쿠오카로 돌아가는 기차 안에서, 다시 부산으로 돌아오는 비행기 안에서 나는 내내 역사의 회한에 잠긴다.

한글을 닮은 일본의 신대(神代)문자

1. 한 가지 회상

이제 와서 대학시절을 돌아보면 멀고 아득하기만 하다. 어렴풋이 떠오르는 기억의 잔상이 그 시절을 지나왔다는 흔적일 뿐 개인사적인 구체성은 그저 흐릿하다. 그 안개 같은 시간의 겹겹 속에서 기억을 낚는 심정으로 한 가지 회상에 집중해 본다. 당시 내가 속했던 국문과는 국어국문학과가 정식 명칭이었기에 문학을 배우러 갔으나 어학 과목에서도 학점을 따야만 했었다. 어학 과목 중 단연 중심은 서정범 교수님의 수업이었다. 서 교수님은 대학가에 떠도는 유머를 모아 '별곡 시리즈'라는 책을 내어 대중적으로 유명해졌으나, 수업에서는 우리말의 어원을 추적하는 난해한 이론을 내내 펼치셨다. 훈민정음에 대해서도 가끔 언급하셨는데, 지금 이 순간 내 기억의 낚시에 걸려 올라오는 말씀 하나가 있다. "훈민정음은 세종대왕의 위대한 실수이다." 여전히 깜짝 놀라게 되는 이 말에, 그냥 놀라고 말 뿐 더 이상 생각을 진전시키지 못하기는 예나 매한가지다. 훈민정음에는 우리가 알지 못하는 무슨 비밀이라도 숨어 있기나 한 것일까? 설마 그럴 리가? 당시 서 교수님은 주류 학계의 변방에서 외로운 주장을 하셨던 것 같고, 수업을 듣는 학생들도 대다수가 한쪽 귀로 듣고 흘려버렸다.

2. 우연히 마주치다

유튜브가 인터넷상에 혜성처럼 등장했던 오래 전 어느 날, 우연히 머리를 맞은 듯 빙그르 도는 느낌을 안겨다 주는 동영상을 하나 보게 되었다. 일본에 한글이 있다는 MBC 방송국 취재 자료의 클립이었다. 1990년대 이후 우리나라에도 여행 자유화 바람이 불어, 특히 가까운 일본에 누구나 자주 가게 되다 보니 이제서야 눈에 띄게 된 모양이었다. 유튜브 화면 창으로 보게 된 그 놀라운 영상은 일본의 한 신사에서 한글 형태의 글자를 써 놓고 제사를 모시는 장면이었다. 그러면서 언급하고 있는 그곳 신사 측 주장이, 일본에서 아주 오래전부터 존재했던 역사시대 이전, 소위 신대(神代)의 문자라는 것이다. 우리의 한글이 일본의 글자라니? 유튜브에서 관련 클립을 계속 찾아보니 업로드되어 있는 동영상 클립은 사실상 방송국 취재물들이 전부였다. 기록물을 찾아봐도 인터넷상에 올라와 있는 여러 내용들은 유튜브 동영상을 기반으로 편집되어 있었다. 다양한 자료는 아니었으나 일단 한일 간의 논쟁거리 내지 어떤 초미의 관심사가 될 것만 같았다. 내 감각의 기준으로는 그렇게 느껴졌다.

하지만 세상 사람들은 의외로 이 문제에 주목하지 않았다. 어찌 보면 전혀 관심이 없다고도 볼 수 있을 정도였다. 지난 10년 동안 나는, 한글과 닮은 일본의 신대문자에 대하여 새로운 업로드 자료를 기대하며 기다려 왔다. 누군가가 이 문제를 심각하게 거론하지 않을까 조마조마했다. 독도 문제만큼 한일 간의 뜨거운 이슈가 될 것만 같아서 심장이 뛰기도 했다. 아쉽게도 나의 이러한 예상은 현실에서 판이하게 다른 양상으로 나타났다. 관심을 갖는 학자들이 몇몇 있었으나 세간의 화제로 떠오르지는 않았다. 이 시대를 살아가는 대다수 일반인들은 BTS의 노래가 빌보드를 석권했다는 것, 아시안 게임 축구 우승으로 손흥민 선수가 군 면제를 받게 되었다는 것에 훨씬 더 주목한다. 한글이 일본에 있었거나 말거나 지금으로서는 신경 쓸 겨를도 없고 딱히 끌림도 없다. 유튜브 방송물 클럽에서 보듯이 그것은 일본이 날조해 간 말도 안 되는 조작물이므로 우리 입장에서는 한 마디로 거론할 가치가 없다는 것이다. 일본은 왜 저렇게 매사 거짓으로 생떼를 부리며 급기야 우리의 한글마저 자기네 것이라고 우기는가? 이런 답답함에 이미 결론을 내리고 시작한 방송물이었다. 그도 그럴 것이 대한민국 사람이라면 누구나 그렇게 생각할 것이다. 유튜브 등장 이후 10년이 지나도록 일본에 기록된 한글에 대하여 새로운 업로드가 미진한 까닭을 충분히 이해할 수 있다.

3. 다시 훈민정음(訓民正音)으로

잊고 살다가도 느닷없이 마주치게 되는 과거의 어떤 순간이 현재 삶의 궤적을 틀어버리는 경우가 있다. 세종대왕께서 실수를 하셨건 안 하셨건 내가 살아가는 이 현실의 길 위에서 그 분과 마주칠 일은 없다. 우리말은 당연히 우리가 지금 호흡하고 있는 공기와 같은 것이므로 더 이상 그 형태나 원리나 변천과정 같은 데 신경을 써야 할 일이 생기기 않았다. 대학 시절조차 한쪽 귀로 흘려들었던 서정범 교수님의 말씀은 사실상 기억 속에서 사라져버렸다. 그러나 일본에 한글이 있다는 유튜브 동영상을 보았을 때 느닷없이 훈민정음에 대한 서 교수님의 강의가 번개처럼 되살아났다. 기억은 깊고 캄캄한 심연으로부터 찰나에 솟구친다. 혹시 일본의 터무니없는 주장이 세종대왕의 그 어떤 실수와 연관된 것일까? 곰곰이 생각해 보니 서 교수님의 강의는 중국어의 독음을 위해 한글이 발음기호 역할로 만들어졌다는 논지였던 것 같다. 일본의 옛 글자에 대해서는 전혀 언급이 없으셨다. 하지만 세종대왕의 실수라던 지적에 대한 개인적인 상상이 일본에 기록된 한글을 보자마자 호기심에 불을 질렀다.

　　　　일본의 신대(神代)문자는 역사시대 이전으로부터 일본열도에 전해 내려온 문자라고 일본 측에서 주장한다. 인류 문명의 발상지에서 발굴된 고고학적 유물들보다 훨씬 앞선, 지구 최초의 문자라는 황당한 주장이다. 현재까지 정설로 알려진 세계 4대 문명의 맨 첫머리인 수메르 쐐기문자 이전부터 신대문자라고 하는 초유의 기록 문화가 일본에서 존재하고 있었다는 아주 기이한 발상이자 신비주의 미신 같은 주장인 것이다. 방송물이 그런 내용이었다. 문명이란 용어가 문자의 사용을 기점으로 그 의미를 가지는 것이므로 문명시대 이전의 문자라는 말은, 일단 그 말 자체가 모순이다. 일본의 신대문자가 만약 사실로 판명된다면 역사학계에서 인류문명의 기점을 다시 정립해야 마땅하겠지만, 학술적 증거 없이 일방적인 주장만 지속되고 있으므로 아직 이 문제는 불명확한 억지 수준에 머물고 있다. 또 한글이 일본에서 건너왔다는 뜻이 되니 한글이 모국어인 한국인에게는 정서적인 억울함이 생길 수밖에 없다. 한글을 모르는 외국인의 눈에는 일본의 신대문자와 우리의 한글이 그저 엇비슷한 형태로 보일지 모르나, 한국인이라면 한눈에 얼핏 보아도 그것이 한글과 같다는 사실에 의심의 여지가 없는 일이다. 따라서 우리의 반응은 그저 답답하다는 식으로 일관된다.

        일부 연구자들의 주장에 근거하여 '일본 국학자들의 조작설'로 단정 짓는 논조가 오히려 정확한 팩트 조사를 방해하고 있는 것 같기도 했다. 억지 주장이니 거론할 가치가 없다느니 하는 단정이 사실 그리 틀린 판단은 아니다. 그렇기 때문에 일본 현지에서 실물을 면밀히 확인하는 과정을 통해 신대문자를 주장하는 일본인의 저의를 다른 시각으로 파헤쳐 보려고 노력하지 못하는 것 같다. 일본 관련 많은 연구소들이 국내에서 활발한 활동을 펼치고 있는 오늘날이지만 신대문자에 관해서는 연구 가치가 없다고 치운 것처럼 여겨진다. 결론은 나와 있을지라도 마냥 무시만 하지 말고 들여다볼 필요가 있는데, 그게 그리 쉽지 않은 모양이다. 내가 해야 할 일인가? 전공도 다르고 일본말도 못하고 비행기도 겁내고 특히 어딜 떠나는 것이 체질에 안 맞아 집 밖을 나서는 것조차 좋아하지 않는 내가 이런 생각에 이르다니 스스로 놀랄만한 일이었다. 대학 시절 훈민정음 수업을 듣지 않았더라면 이 정도까지 행동으로 옮길 까닭이 있었겠나 싶었다. 확실히 내 앞에는 현실적으로 수많은 장애가 있었지만 단단히 마음먹으며 없는 용기조차 쥐어짜내어 일본 현장 답사를 무작정 떠나보기로 결심했다.

4. 신흥종교의 교주를 만나다

신대문자가 사실이냐 아니냐는 일단 접어두고, 일본에 과연 한글이 있기나 한 것일까? 앞서 지적했던 것처럼 인터넷에 떠돌고 있는 언론사의 취재 자료는 다소 감정적인 어조가 담겨 있어서 진정한 내막에 대한 호기심만 불러왔다. 그리고 그 내용이 지나치게 단정적이라 오히려 숨겨진 진실을 본의 아니게 왜곡할 소지가 있어 보였다. 무슨 까닭에 일본에 신대문자라 이름 붙은 한글이 존재하고 있는가? 이 질문에 대하여 가장 먼저 풀어야 할 실마리는 한글이 기록되어 있는 실물에 대한 확인 작업이라고 재차 확신했다. 인터넷을 통해 조사했던 바로는 일본 전역에 한글의 흔적이 드문드문 산재하고 있었다. 도쿄에도 신대문자를 보전하는 단체가 있었다. 신대문자를 쓰면서 영험한 에너지를 받는다는 서도학원이었다. 그래서 일본 현지에 가면 도쿄를 중심으로 조사 작업에 착수해도 크게 무리가 없을 것 같았다.

하지만 정작 도쿄에 도착해서 현지답사를 해 보니, 인터넷 정보에서는 우에노 인근에 있다던 신대문자 서도 학원이 일본열도에서 가장 험한 산악 지형인 북 알프스의 한복판 기후현(岐阜縣) 타카야마(高山)라는 곳으로 이전한 상태였다. 우에노에는 이미 없었다. 그 서도학원은 서도가인 안도 겐세츠(安藤妍雪)라는 분이 신대문자로 서예를 가르치는 일종의 교습소 같은 곳이었는데, 신대문자를 배우며 그녀를 추종하는 제자들도 상당수였고 심지어 후원회와 홈페이지조차 갖추고 있었다. 매년 2회에 걸쳐 신대문자 전시회도 정기적으로 개최하고 있었다. 4월과 10월, 타카야마 이치노미야(岐阜縣 高山市 一之宮町)에 소재한 히다쿠라이야마문화교류관(飛驒位山文化交流館)에서 수년째 정기적으로 전시회를 개최했던 사진자료가 그녀의 홈페이지에 실려 있을 정도로 왕성한 활동을 하는 중이었다. 도쿄에서 타카야마로 가는 길을 살펴보니 기차로는 나고야(名古屋)를 거쳐 한참 돌아가고 버스로는 마쓰모토(松本)에서 산맥을 가로 질러 곧장 관통하고 있었다. 기차와 버스는 가격차도 커서 선택의 여지없이 버스를 타고 가기로 했다. 버스가 마쓰모토에 도착할 때까지는 고속도로라 괜찮았으나 거기서부터 타카야마까지는 난생 처음 만나는 험한 칼산 속의 산길이었다. 목숨 걸고 달리는 버스 같았다. 도쿄 신주쿠 터미널을 떠나 거의 6시간이 소요된 타카야마행이었다.

그러니까 작년 이른 봄, 2017년 4월에 그 전시회를 찾아가서 안도 겐세츠를 처음으로 만날 수 있었다. 그보다 딱 10년 전이었던 2007년 10월 17일 방영된 MBC 한글날 특집 방송 〈미스터리 한글, 해례 6211의 비밀〉에서 그녀는 기자에게 이렇게 인터뷰를 했다. "나는 전생에 남자였는데 1,500년 전에 한국에 이 문자를 가지고 간 기억이 있다. 그것을 참고해서 만든 것이 지금의 한글이다." 신대문자 전시회에 들어가 보니 강당처럼 넓은 홀의 벽에 형형색색 색깔이 칠해진 신대문자가 커다란 액자에 담겨 30여 점 정도 걸려 있는데, 그 풍경은 서도 전시회라기보다는 아방가르드 그림 전시회 같았다. 그 가운데서 정말로 한글 형태의 문자가 몇 점 자리하고 있었다. 안도 겐세츠는 확신에 찬 눈빛으로 이들 신대문자가 23만 년 전에 하늘에서 내려왔다고 말해주었다. 긴가민가하는 나에게 '너는 이 사실도 모르면서 여기 온 거니?'라는 듯이 의심에 찬 눈빛을 쏘았다. 그녀의 말의 의하면 태초의 언령(言靈)이 하늘로부터 지구에 내려와 일본열도에다가 인류 최초로 언어의 씨를 뿌렸다는 것이다. 전시회 입구에 세계 언어의 계보가 최초부터 현재까지 도표로 그려져 걸려 있었다.

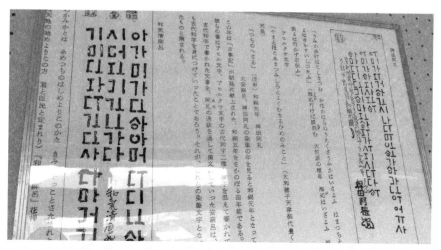

히다쿠라이야마문화교류관 신대문자 전시회. 입구 통로에서 마주친 한글 형태의 신대문자에 대한 소개 액자.

이 세상의 모든 언어가 일본으로부터 파생되어 전수되었다는 안도 겐세츠의 주장은 개인적인 신념을 넘어 종교적인 분위기를 물씬 풍겼다. 함께 모여 있는 제자들의 행동에서도 명백히 그 단체의 종교성이 드러났다. 안도 겐세츠를 마주하고 있는 그들의 태도를 바라보자니 존경을 넘어선 숭배의 분위기가 역력했다. 여성 제자들은 모두 기모노(着物)를 입고서 전시회 안내를 수행하고 있었다. 전시되어 있는 신대문자 가운데 거의 80%는 안도 겐세츠의 친필 서예 작품이고 나머지는 제자들의 작품 중 엄선한 것들이었다. 제자들 코너는 따로 한쪽 벽면에 마련되어 있었다. 남자 제자들은 양복을 입고 있었는데 이들은 방문객 안내보다 전시실을 지키고 있는 경호원 같은 모습들이었다. 안도 겐세츠와 방문객들과의 즉석 사진을 찍어주기도 했다. 남녀 제자들도 안도 선생과 똑같이 지금 전시하고 있는 신대문자가 23만 년 전의 것이라고 앵무새처럼 말했다. 모두들 기존 역사를 완전히 무시하고 있었다.

　　10월에 다시 타카야마 신대문자 전시회를 방문했을 때는 놀랍게도 제자들에 의해 안도 겐세츠가 그야말로 전격 신격화되고 있었다. 그 증거자료로 사진을 한 장 보여주었는데, 여러 사람이 함께 찍은 사진 속에서 유독 안도 겐세츠에게만 태양빛이 집중되어 온몸이 하얗게 사라져 있는 것이었다. 다른 기술적인 작업을 전혀 가하지 않은 순수 원본 사진이라고 했다. 사진을 보여주는 제자의 눈에는 기적을 직접 체험한 사람으로서의 환희가 가득했다. 그 사진에서 느껴진 첫 인상은 빛 속으로의 사라짐과 태양신으로의 회귀, 즉 일본 정신의 구심점인 아마테라스 오미카미(天照大神)의 환생이었다. 이들이 이제 일본 천황가의 조상들과 결탁하는 것만으로 모자라 직접 그 조상 대열에 직접적으로 우뚝 서려 하고 있었다. 누가 믿거나 안 믿거나, 또는 세력이 확산되거나 아니거나 간에 일단 이 시점 이곳에서는 안도 겐세츠 선생을 신으로 격상시켜 살아있는 일본 정신의 표상으로 삼고 있음이 분명했다.

타카야마에서 전시되고 있는 신대문자는, 이곳 사람들의 말처럼 인류의 역사시대 이전부터 대대로 전해져 내려오고 있는 문명 이전의 문자라고 아무리 마음을 활짝 열고서 믿어 주려 해도 도저히 그렇게 되질 않았다. 그럼에도 이곳에 전시된 신대문자가 23만 년 전부터 지금까지 어떻게 같은 형태를 보존하여 왔는지를 진지하게 물었다. 그러자 안도 겐세츠가 주기적으로 인근 쿠라이야마(位山) 정상에 올라가 명상을 하는데 그때마다 문자의 형태가 눈앞에 떠오른다는 것이다. 대부분 같은 형태의 글자가 떠오르지만, 간간이 새롭게 접하게 되는 문자가 눈앞에서 생겨난다. 그렇기 때문에 6개월마다 그 명상의 기간에 본 새로운 형태의 신대문자를 형형색색 빛나는 서예로 정성스럽게 기록하여 전시하는 것이라고 한다.

그녀의 진술은 앞뒤가 맞지 않았다. 전해 내려오는 것과 새로 만들어지는 것이 뒤섞여 있었다. 우리의 한글이 그 속에서 크게 자리하고 있다는 이 현실이 대체 무슨 연유인지 더욱 의아해 질 수밖에 없었다. 신대문자로서의 한글은 타카야마 이치노미야(高山市 一之宮町) 2017년 4월 전시회에도 있었고 10월 전시회에도 역시 같은 모양으로 같은 액자 속에서 그대로 있었다. 두 번째 만난 안도 선생은 나를 개인적으로 무척 반겨 맞아주었으나 23만 년 전에 대해서는 결국 의문만 더 품고 물러서야 했다. 다른 곳에서 풀어야 할 숙제를 떠안게 된 셈이었다. 고대로부터 내려온 체계적인 증거자료 하나 없이 인류의 문자 기원에 대하여 일방적으로 치우친 신념과 믿음만을 창작해 내는 타카야마 신대문자 전시회였다.

히다쿠라이야마문화교류관 신대문자 전시회. 다양한 신대문자가 예술적으로 그려진 메인 홀의 내부 모습.

히다쿠라이야마문화교류관 신대문자 전시회. 한글과 유사한 신대문자 앞에서.

5. 현존하는 역사적 증거물

타카야마 신대문자 전시회에 비해 토쿠시마현 하치만구(八幡宮) 신사와 스기오(杉尾) 신사 앞에서 실물로 자리하고 있는 하나카 시비(詩碑)는 비석에 한글이 뚜렷하게 새겨져 있으므로 바로 지금 시점에서 일본에 현존하고 있는 가장 명확한 신대문자 증거물이다. 두 신사는 한 장소에 같이 있는데, 정문 도리이(鳥居)에는 하치만구이라 쓰여 있고 신관이 거주하는 사무소 입구 현판 명칭은 스기오라고 되어 있다. 비석이 있는 지점의 정확한 지명은 토쿠시마현(德島縣) 아와시(阿波市) 아와초(阿波町) 이와즈(岩津)이다. 가까운 기차역은 토쿠시마 지역 철도인 지방선(토쿠시마 라인)을 타고 출발지인 토쿠시마시의 토쿠시마역에서 내륙으로 15번째에 정차하는 가와타(川田)역이다. 그곳에는 토쿠시마현 전역을 가로지르며 관통하는 큰 강이 흐르고 있는데, 강의 이름은 요시노가와(吉野川)이다. 높이가 2미터 70센티, 너비가 60센티에 달하는 문제의 그 하나카 시비는 강의 풍경이 한눈에 바라다 보이는 요시노 강가에 우뚝 서 있다.

비석에 새겨져 있는 시(詩)의 내용은 이와즈 마을에 예로부터 전해져 내려오고 있는 전설과 관련이 있다. 이와즈 마을 앞을 흐르는 요시노강은 한눈에 보아도 사람이 왜소하게 느껴질 만큼 장대하다. 전설에 따르면 강의 가장 깊은 곳에 큰 메기가 한 마리 살고 있어서 강의 수호신처럼 숭배되고 있다고 한다. 전설 속의 메기는 아직 단 한 번도 세상 사람들에게 그 모습을 보인 적이 없다. 그래서 어서 빨리 하루속히 사람 사는 세상에 모습을 드러내어 세상을 바꿔서 제발 살기 좋게 다스려 달라는 기원이 바로 시의 내용이다. 에도

토쿠시마 요시노가와 강가의 도리이와 한글 비석. 도리이 너머에 하치만구(八幡宮) 신사와 초록 신마(神馬)가 있다.

한글 비석은 이와쿠모 하나카가 쓴 구국 염원의 시임. 오른쪽 옆 하얀 판에 일본어 해설 문구가 기록되어 있다.

막부시대를 종식하고 천황이 세상을 지배해 달라는 간절한 소망이다.

　　　시를 쓴 사람은 19세기 초의 국학자이자 신관인 이와쿠모 하나카(岩雲花香, 1792~1869)이다. 그는 비석이 세워져 있는 바로 그곳 아와시 이와즈 출신으로 평생에 걸쳐 존왕사상을 전하기 위해 전국을 주유했다. 처음으로 신대문자설을 체계적으로 확립한 국학자인 히라타 아쓰타네(平田篤胤, 1776~1843)의 제자로서 신대문자의 문법 연구와 그 보급에 누구보다 적극 앞장섰다. 국학자들은 당시 서세동점(西世東漸)으로 치닫는 세계정세 속에서 막부체제가 더 이상 일본을 지킬 수 없다고 판단하였고, 하나의 힘으로 결집하는 일본의 구심점이 절실히 필요하다고 각성했다. 따라서 요시노강의 메기는 천황으로 비유되는 존왕사상(尊王思想)의 핵심적인 상징체이다. 이들 국학자들이 훗날 메이지 유신의 씨를 뿌린 것이다. 그 점을 확인하고 싶어서 혹시나 하고 일본 현지에서 신대문자를 연구하고 있는 학자를 조사해 보았다.

　　　아와시청에 소속된 문화센터를 찾아갔더니 거기서 교수 한 분을 알려주었다. 가까운 토쿠시마시에 자리한 시코쿠대학 서도학과의 오타 쓰요시(太田 剛) 교수였다. 그분은 신대문자의 서도학적 관심으로 심취해 있었고, 하나카 시비에 적힌 한글 때문인지 한국어도 열심히 공부하고 있었다. 그를 찾아가 이곳 아와의 이와쿠모 하나카와 메이지 지사들의 스승인 조슈의 요시다 쇼인(吉田松陰, 1830~1859)이 사상적으로 연결되어 있는지에 대하여 물어보았다. 그랬더니 애초 직감적으로 떠올렸던 생각대로 신대문자를 만들어 보급시킨 주체세력이 메이지 유신을 촉발시킨 지사들과 밀접하게 관련이 있다고 알려주었다. 확인을 받자 그 순간 내 머리 속에서는 요시다 쇼인으로부터 이토 히로부미(伊藤博文)까지 줄지어 확연하게 떠올랐다. 19세기 초 일본 국학자들의 간절

하고도 작은 소망 하나가 조선 멸망에 이은 일본 식민통치라는 우리 민족사의
거대한 치욕으로 결실을 맺은 것이다. 실로 놀라운 그들 소망의 실현이었다.
이와쿠모 하나카가 한글 형태의 신대문자로 우국충정의 시를 써서 고향의 강
변에 세워둔 이유는 토쿠가와(德川) 막부가 당장에라도 무너지기를 염원하는
일종의 주문으로써, 당시 동료 국학자들 외에는 읽을 수 없게끔 기록하여 막부
의 칼날을 피하고자 하려는 때문이었다. 한글 형태의 신대문자가 현존하는 명
확한 한 가지 원인인 것이다.

　　　　토쿠가와 막부 치하의 국학자들에 의해 만들어진 신대문자가 지금
까지 일본에 남아있는 신대문자 증거물들의 전부이자 핵심이라면, 그것을 탄
생시킨 주도적인 인물이 바로 국학 3인방에 손꼽히는 히라타 아쓰타네(平田篤
胤)이다. 도쿄의 요요기(代々木) 공원 인근에 당당히 그를 모신 신사가 있다. 주
택가 골목 안쪽에 자리한 히라타 신사는, 이를테면 학업 성취와 시험 합격을
위한 기도가 잘 듣는 장소라는 슬로건을 내걸고 있다. 일본을 대표하는 사상
가, 혁명가, 철학자, 역사학자, 문헌학자, 정치 비평가로서의 업적과 권위를 인
정받아 오늘날 그는 학문의 신으로 모셔지며 우러러보기에 충분한 품격을 갖
춘 하나의 정신으로 숭배되고 있었다. 신사 입구를 들어서면 곧장 눈에 띄는
것이 하나 있는데, 바로 한글이다. 다양한 모양으로 전해지고 있다는 신대문자
들의 글자 형태 가운데 유독 한글만이 가장 두드러지게 신사 접수처 앞에 간판
처럼 비치되어 있었다. 히라가나 50음도 표처럼 신대문자 음독표가 같은 배열
로 가지런히 정리된 상태였다. 그러니까 신대문자로 명명된 한글 표기가 바로
막부시대 최고의 국학자인 히라타 아쓰타네의 작품이라는 사실에 의심의 여
지가 없었다. 그에 관한 다른 자료들, 즉 문헌이나 그림과 편지 등은 치바현(千

藥縣) 사쿠라시(佐倉市)에 위치한 국립역사민속박물관(國立歷史民俗博物館)에 소장되어 있었다. 치바역에서 나리타(成田) 방향으로 기차로 30분 달리고 내려서 30분 걸어간 그곳 역박(歷博)에서, 그와 관련된 물품이나 서적 자료 등은 모두 유리벽 속에 안치되어 그 내용을 직접 살펴볼 수는 없었다.

6. 고대 이스라엘 왕국의 흔적

또 다른 신대문자 발생설은 토쿠시마현(德島縣)의 카미야마(神山)에서 발견되었다. 산의 입구에서 도보로 약 1.5km 정도 계곡 길을 오르면 울창한 나무숲 속에서 아주 낡은 외관의 스키랜드 호텔(スキーランドホテル)이 불쑥 나타난다. 10년 전 MBC 한글날 특집 방송에서 소개되었던 '초고대연구소'가 바로 이곳에 있었다는 사실을 한눈에 알 수 있다. 로비로 들어서면 가장 눈에 띄는 것이 액자에 넣어 카운터 정면에 걸어둔 한글의 일본식 음독표이다. 그곳 지명을 따서 붙인 '신산(神山)문자'라는 타이틀로 되어 있는, 신대문자와 같은 글자였다. 'V'자 표기가 독특하게 두드러졌으나 나머지는 눈에 익었다. 그리고 제목이 '카미야마'라는 한글로 표기된 책이 한 권 비치되어 있다. 호텔 주인에게 물어보니 책의 저자는 자신의 아버지인 찌나카 다카시(地中 孝)라고 한다. 70세가 될 때까지는 평범하게 스키랜드 호텔을 운영했던 분이었는데 70세 되던 어느 날 갑자기 이곳 카미야마 일대를 둘러싼 일본의 고대 문자를 연구한다고 몰두하더니 그로부터 10년 뒤에 『카미야마(神山)의 계시록(啓示錄)』을 출간했다고 한다. 아버지가 남기신 『카미야마의 계시록』은 호텔에서 방문객들에게

판매되고 있었다. 아직도 이곳에서 책을 판매하는 이유는 헤이세이(平成) 6년
에 완성된 찌나카 다카시의 책이 이 호텔에 있다는 소문을 듣고 도쿄 등지에서
관심 있는 사람들이 종종 찾아오기 때문이라고 말했다. 호텔 카운터 벽면의 상
단에 나루히토 황태자(皇太子德仁親王)가 다녀간 사진이 걸려 있었다. 황실 관련
연구자들이 지금도 꽤나 관심을 갖게 되는 책인가 싶었다.

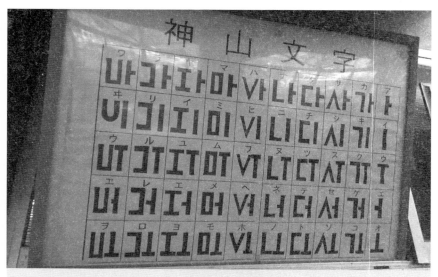

토쿠시마현 카미야마 스키랜드 호텔 로비의 액자. 이곳 신대문자는 지명과 같은 발음인 '카미야마 문자'라 불린다.

　　그 책에서 밝히고 있는 바에 따르면, 일본의 신대문자는 고대 이스라엘 왕국에서 전해진 것으로 다윗의 별 문양과 함께 아시아 대륙의 남쪽 뱃길로 들어왔다. 그 증거로 카미야마초(神山町) 동쪽 경계 지역에 있는 후나하테(船盡)라는 신사에 3천 년 전 이스라엘의 배에 달렸던 깃발과 거기 적혔던 글자가 남아있다고 한다. 너무 신기해서 작심하고 수소문하여 간신히 찾아가 보니 신사는 이미 사라지고 없는데 그 터는 도리이(鳥居)와 함께 그대로 있었다. 그곳 지킴이로 살고 있는 할머니가 깃발을 보여줄 수 있다고 해서 따라가 봤더니 정말로 낡은 깃발이 농가의 곡물창고 같은 곳에 보관되어 있었다. 평소에는 상자 속에 고이 모셔두고 아와시(阿波市)의 마쯔리(祭) 때만 꺼내서 시청사 앞에 내건다고 했다. 할머니는 시 공무원이 요구할 때 꺼내줄 뿐 깃발의 유래에 대해서는 전혀 모르며 관심조차 없었다.

　　한글로 된 신대문자가 굵은 붓글씨체로 쓰여 있는 깃발의 아래쪽에 제작년도가 '소화(昭和) 3년 6월 길일(吉日)'이라 적혀 있었다. 이 신대문자는 세로쓰기의 한글이었고 맨 위의 글자 하나가 무엇을 쓴 것인지 식별할 수 없었으나 나머지는 거의 다 읽을 수 있었다. 이것이 이스라엘의 징표이기 때문에 한글이 곧 고대 이스라엘 왕국으로부터 신대문자라는 이름으로 일본에 전해져 왔다는 의미였다. 현재 남아 있는 이 깃발은 제작년도가 일본 제국주의 소화시대로 되어 있지만, 글자 자체는 B.C. 950년경에 전래된 것이라고 책에서 주장하고 있었다.

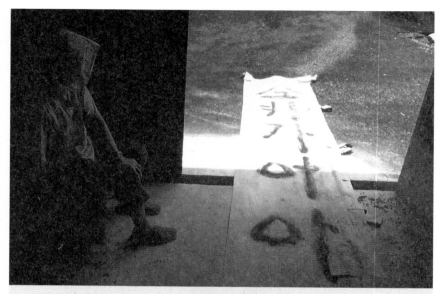

카미야마초의 후나하테 신사 터에 보관된 깃발. 아와시의 마쯔리 때 시청사 앞에 내건다는 한글이다.

성경을 토대로 계산할 때 그 시기는 솔로몬왕의 재위 기간에 해당
되므로 어느 정도 근거를 가진 언어 계보의 역사성을 보여주고 있었다. 그리고
이와 유사한 또 하나의 증거물로 찌나카 다카시가 혼자서 초고대 연구소를 차
리고 있었던 카미야마 스키랜드 호텔 인근에 다윗의 별이 선명하게 새겨진 한
글 비석이 국화꽃문양을 단 비석과 함께 쌍으로 나란히 서 있다. 비교적 최근
에 세워둔 것처럼 보이는 깔끔한 석비여서 살짝 의심이 갔다. 거기에는 영어
의 'V'자처럼 한글 자음의 모양이 지금과 다른 것도 있긴 했으나 그 변형의 양
상은 제쳐두고 일단 찌나카 다카시는 한글의 기원이 이스라엘이라고 확신했던
것으로 보였다. 이스라엘에서 일본으로, 일본에서 한반도로 건너온 한글이라!

카미야마 중턱 부근 다윗의 별과 함께 있는 한글 형태. 알파벳의 'V'와 'U'와 가타카나 같은 'ェ'가 두드러져 보인다.

그렇다면 우리의 세종대왕께서는 1443년에 한글을 직접 만들지 않고 기존에 있던 재료들을 사용하여 편집만 하셨던 것일까?

다윗의 별 문양이 이세신궁(伊勢神宮)에도 새겨져 있다는 말을 듣고, 그렇다면 일본 왕실이 이스라엘의 전성기 고대왕국과 어떤 관련이 있을지도 모른다는 생각이 들었다. 신칸센을 타고 교토로 가서 다시 자동차로 갈아타고 160km 정도 고속도로를 달리니 이세신궁이 나타났다. 일본 제1의 성지(聖地)가 도쿄에서 이렇게 멀리 떨어져 있을 줄 몰랐다. 일본 역사 초기의 핵심 무대가 이쪽 동네인 것이다. 현지를 살펴보니 이세신궁 내부는 엄격히 통제되어 개인 신분으로는 아무 것도 알아낼 수 없었다. 맥 빠진 와중에 다행히도 신궁 밖

진입로에 가로수처럼 세워진 석등에서 삼각형이 두 개 겹쳐진 다윗의 별을 발견할 수 있었다. 길을 따라 줄줄이 세워진 이 석등들은 누가 보더라도 후대의 것으로 신궁을 숭배하는 사람들의 기증물이 확실했지만, 비록 후대에 만들어졌다 하더라도 이세신궁과의 연관성이 없다면 다윗의 별이 뜬금없이 새겨져 있을 리 만무하다고 생각했다. 이 문양 역시 깃발의 신대문자처럼 최초로 전래되기는 3천 년 전이라는 것이다. 천황가의 시조인 태양신 아마테라스 오미카미(天照大神)와 고대 이스라엘 왕국이 혹시 혈맹(血盟)인가? 문득 떠올려 보니 다윗의 별 문양은 타카야마 신대문자 전시회에서도 상징으로 마크되어 있었다. 그곳에서 교주처럼 숭배되고 있는 안도 겐세츠의 홈페이지 문양이기도 하다. 그렇다면 일본 제2의 성지(聖地)인 도쿄의 메이지(明治) 신궁에도 다윗의 별이 새겨져 있을지 모른다는 생각이 들었다.

　　　　일본 황실과 고대 이스라엘 왕국 사이에 진짜 뭐가 있을까? 다소 흥분된 심정을 달래며 도착한 메이지 신궁이었다. 다윗의 별을 찾기 위해 천천히 주의 깊게 여기저기 살펴보았다. 아쉽게도 그곳에는 현재의 천황가문장(天皇家文章)인 국화꽃 문양만이 새겨져 있을 뿐이었다. 후대(後代)에 채택된 국화꽃 문양은 기록상으로는 가마쿠라막부(鎌倉幕府) 시대부터 사용된 것으로 알려져 있다. 공식적으로 국화꽃 문양이 일본 황실의 문장으로 채택된 것은 메이지 유신에 의해서라고 한다. 토쿠시마현 아와시에서의 기억을 다시 떠올려 보니 하나카 시비(詩碑) 인근 하치만구 신사 앞뜰에 초록색 피부로 우람하게 서 있던 말 동상이 예사롭지 않았다. 일명 신마(神馬)라 불리는 그 동상에는 측면의 배 쪽에 화살촉의 손잡이처럼 생긴 문양이 있었다. 신마는 일본 전역 여기저기에 있다. 하지만구 신사가 하나가 아니듯 신마도 여럿이다. 근데 쓰시마(對馬)섬에 있다는 신마 관련 얘기를 들었을 때 직감적으로 예사롭지 않게 느껴졌다. 이스라엘과 연결되어 있는 것 같았다. 왜냐하면 아와시 하치만구 신사의 신관이 들려주는 얘기가, 그곳에 남아있는 한글 형태의 신대문자는 바로 쓰시마섬으로부터 유입되었다고 확실하게 말해주었기 때문이다. 오래 전 쓰시마에 아비루(阿比留)라는 일족이 있었는데 요즘으로 말하면 무당, 즉 점을 치던 사람들이었다. 3천 년 전 솔로몬 시대에 개척된 항로를 따라 헤브라이인들이 일본열도에 도래했을 때, 본대(本隊)와 떨어진 한 지대(支隊)가 쓰시마섬에 상륙하여 문자를 전해주었다고 한다. 아비루 가문은 당시 전해진 이스라엘의 문자와 이렇게 직접적인 연관성이 있다. 쓰시마섬에 와서 정착한 아비루 가문은 이스라엘 고대왕국에서 가져온 문자의 원형을 지키고 보전하는 임무를 맡았다.

　　　국학자 히라타 아쓰타네(平田篤胤)가 일본의 역사적 우월성을 증빙하기 위해 일본 전역에서 신대문자를 전격 수집했던 19세기 초반 당시, 한글 형태의 아비루 문자가 쓰시마섬에서 발견되었다. 이스라엘로부터 흘러들어온 일본 고대 신대문자인 아비루 문자는 시간이 흐르자 해협을 건너 가까이 있는 반도로 전파되어 조선언문(朝鮮諺文)의 기초가 되었다는 주장이다. 쓰시마섬의 이즈하라(嚴原)에 찾아가서 살펴보니 이와쿠모 하나카가 신관으로 있었던 신사와 똑같은 이름의 하치만구 신사가 실제로 거기 있었고, 쓰시마 이즈하라 하치만구 신사의 앞뜰에도 토쿠시마 아와시 이와즈에서 본 것과 똑같이 생긴 말의 동상, 즉 초록색 신마(神馬)가 우람하게 서 있었다. 무엇보다 한 눈에 주목을 끈 것은 그곳 신마의 몸통에 새겨져 있는, 바로 일본 황실의 상징인 국화꽃 문양이었다. 도쿄 메이지 신궁에서와 마찬가지로 다윗의 별 문양은 신사의 어디에도 보이지 않았다. 이세신궁과 다윗의 별은 천황가보다 상위 개념의 상징물

일 것이라 확신이 들었다. 고대 이스라엘 왕국과 관련된 이러한 자체 논리는 타카야마의 서도 단체처럼 신대문자가 23만 년 전의 것이라는 밑도 끝도 없는 주장이 아니라, 나름대로 맥락을 세워 역사를 통해 신대문자의 존재론적 연결점을 찾고자 하는 안간힘이다. 이스라엘 역사와 신대문자와 우리의 한글, 그리고 일본의 천황가가 연결되는 한 편의 판타지이다. 한일 고대사뿐만 아니라 세계 고대사의 미스터리가 여기에 얽히고 있다.

7. 한 걸음 더

일본 측 연구자들에 의하면 신대문자는 바벨탑처럼 무너져 내린 세계 각국의 지역 언어들 위에 군림한다. 『카미야마(神山)의 계시록(啓示錄)』의 저자 찌나카 다카시(地中 孝)는 일본의 고대를 밝히고자 역사의 증거물들을 탐사하면서 헤브라이 문명의 원류로서의 수메르 문명을 언급하고 있다. 즉 그는 역사적으로 인류 최초로 공인받고 있는 B.C. 3200년경의 수메르 언어가 B.C. 2300년경 아카드인들에 의해 사라진 것이 아니라 지속적으로 살아남아 이스라엘을 거쳐 머나먼 뱃길로 일본열도에 건너왔다고 믿는다. 최초의 문명 발생 지점으로부터 보존되어 내려오는 일본의 신대문자라 주장하고 있는 셈이다. 세상의 언어가 일본으로부터 퍼져나갔다는 타카야마 안도 겐세츠의 신념과 결론은 같다. 인류 문명 최초의 지점으로부터 전해 내려왔다는 신대문자 존재설이, 어쨌거나 이를 끊임없이 주장하고 싶은 일본 내 일부 연구자들 측에서 사실의 진위 여부를 떠나 힘주어 성과를 내고 싶은 자존감의 목표임에는 분명한 것 같다. 일본과 이스라엘이 신대문자를 매개체로 기원전 고대왕국 시절부터 서로 밀접하게 연결되어 있었다는 주장은 보다 현실적으로 자존감을 높이는 방법이다.

　　　조사했던 내용에 대해서는, 그 현장의 풍경과 현장 사람들의 인터뷰를 최대한 카메라에 담고자 했다. 이번 조사에서 취재한 촬영 영상을 가지고 한 편의 다큐멘터리로 완성해 보고자 하는 의도가 애초부터 있었다. 현장 취재 자료를 토대로 향후 문헌자료를 통한 보완과 더불어, 미스터리가 아닌 실제 입증할 수 있는 항목들을 정리해 보려는 의도 또한 출발 시점에서부터 생각하고 있었다. 인터뷰 불응, 촬영 금지 등 영상으로 담을 수 없는 현장에서의 한계가 많이 발생하여 기초 자료 확보에 관련된 애초의 예상 기대치와 많은 차이가 발생한 것은 어쩔 수 없는 일이었다. 재도전해야 할 과제가 상당히 남아있는 것이다. 그렇더라도 조사 과정을 통해 신대문자라고 하는 그 배경에 깔린 일본 국학의 정신사적 업적 쪽으로 한 걸음 깊게 다가간 성과가 개인적으로 있었다. 그리고 일본의 고대사와 관련된 역사적 주변을 더욱 조사할 수 있다면 한글의 참고자료들과 연결될 수 있겠다는 힌트를 얻었다. 물론 이는 세종대왕의 한글 창제에 대한 정확한 연도를 알고 있는 우리 입장에서 오히려 한글 그 자체가 아닌 다른 이면의 부수적인 소득이 생기지 않을까 하는 기대 반 설렘 반이다. 일본의 신대문자는 대다수 역사학자들의 언급처럼 허위거나 조작일 것이 자명하지만, 실제로 그 속에 들어갔을 때 한글과는 상관없이 전혀 몰랐던 역사의 이면과 마주치게 될지도 모른다.

신대문자와 막말(幕末) 정한론(征韓論) 연계성

1. 히라타 아쓰타네(平田篤胤)의 발상

막말(幕末) 일본에서는 한자가 들어오기 전에 문자가 있었다는 주장이 발발했다. 한국의 경우는 후대에 한글을 만들어 자국 고유문자가 생겨났지만, 일본은 한자가 전래된 이래 여전히 그 영향 하에서 한자를 비중 있게 사용하고 있었으므로 막부 치하 일부 국학자들이 일본의 국체(國体)에 대한 허구적 발상에 집착한다. 국체는 만세일계(萬世一系)의 천황(天皇)을 군주로 하는 일본 국가의 정체성을 말할 때 쓰는 용어이다. 근대 천황제 신민 국가의 사상적 지주로 등장한 '국체'라는 용어는 메이지 시대에 이르러 급속도로 확산된다.[1] 제국주의 이래 서세동점(西勢東漸)으로 인한 긴장감이 고조되자 이에 자국 보호 하의 자존감 고취라는 차원에서 아주 오래 전 옛날, 즉 신의 시대(神の時代)에

---

1 김후련, 『일본 신화와 천황제 이데올로기』, 책세상, 2012, pp. 234~235.

일본에서도 문자를 만들지 않았겠느냐는 고안을 하게 되었다. 그 발상의 주체
는 바로 19세기 초 국학자(國學者)들 가운데서도 가장 학식이 뛰어났던 히라타
아쓰타네(平田篤胤, 1776~1843)이다.

히라타 아쓰타네는 열렬한『고사기(古事記)』신봉자였고 18세기 복
고신도의 일본 중심주의를 내재적으로 발전시킨 인물이었으며, 각종 종교와
신선도 및 역학(易學) 등과의 습학적인 구상에 몰두했다.[2] 그는『고사기』와『일
본서기(日本書記)』의 신화뿐만 아니라 민간전승 분야에서도 자신의 새로운 구
상을 위해 많은 차용을 했으며, 전혀 무관해 보이는 것들까지 종횡무진 결부
시킨 상상력의 대가였다.[3] 가장 위대한 태양신의 후예로서 세계 제일주의라는
세계사적 으뜸의 정체성을 구축하고 싶었던 강렬한 그의 의지는 난학(蘭學)의
배격을 위해 고전고도(古典古道)를 통한 일본 찾기에 혈안이 된다.[4]

그는 일본 전역에 산재한 오래된 유적지나 신사들로부터 정보를 수
집하여 일본 국체에 대한 정신적인 위상을 높일 수 있는 아이디어를 기획하게
되었다. 한자가 아닌 다른 어떤 알 수 없는 문자 같은 모양새가 돌에 새겨져 있
거나 나무에 그어져 있다는 사실을 알고 전국적으로 각지의 신관 조직망을 통
해 열띤 수집에 나섰다. 그 가운데 쓰시마(對馬)에서 한글 형태로 기록된 아히
루(阿比留) 문자가 포착되었는데, 바로 그 아히루 문자가 단적으로 한글이었다.
자음과 모음의 결합을 모두 가로쓰기로 변형했다는 옅은 원칙이 한눈에 보이
는 한글 그 자체였다.

---

2   박규태,『신도와 일본인』, 이학사, 2017, p. 244.

3   앞의 책, p. 246.

4   김문길,『한일관계사』, PUFS, 2004, p. 236.

2. 쓰시마(對馬)의 아히루(阿比留) 문자

시코쿠(四國)대학 서도문화(書道文化)학과의 오타 쓰요시(太田 剛) 교수와의 인터뷰에 따르면 대마도에 아히루라는 일족이 살고 있었는데, 이들은 언제부터인지 모르는 오래전부터 대대로 그곳에서 점(占)을 보던 사람들이었다고 한다. 카미야마(神山) 초고대연구소 찌나카 다카시(地中 孝)의 아들이 전하기를 '그 가문이 고대 이스라엘 왕국으로부터 기원했다고 아버지가 주장하셨다'는 반면, 신대문자의 존재를 최초로 한국에 알렸던 부산외대 김문길(金文吉) 교수는 '대마도의 아히루로 말하자면 단연코 한반도의 백제계'라고 단언하고 있다. 김 교수는 그의 저서인 『단군의 가림토 문자와 일본의 신대문자 (壇君の加臨土文字と日本の神代文字)』에서 '加臨土文字はすべて, 三八文字であ る.一四四三年世宗大王は加臨土文字を参考にして, 二八文字の訓民正音 を創製した'라며 단군조선(壇君朝鮮) 시대로부터 그 기원을 가지고 있는 우리 한글임을 역설한다.[5]

윗글의 뜻은 '가림토 문자는 모두 38자이고, 1443년 세종대왕이 가림토 문자를 참조하여 훈민정음 28자를 만들었다'이며, 한글의 전신인 가림토 문자를 백제계가 사용했음을 지적하고 있다. 한편 점(占)을 보던 일족이 쓰시마에서 한글을 사용하며 대를 이어 보존해 내고 있었다는 오타 쓰요시 교수의 증언에서 대마도로부터 전해진 한글 형태 신대문자의 샤머니즘적인 뿌리를 엿보게 된다. 그는 고대 이스라엘 시대에 솔로몬이 출항시켰던 배가 시코쿠에 정

---

5   金文吉,『壇君の加臨土文字と日本の神代文字』, 図書出版 チェクサラン, 2015, p. 67.

박했던 전설이 있다고도 말했다. 이스라엘 왕국으로부터 대마도 정착민이 도 래했다는 '아히루가문설(阿比留家門說)'에 여지를 남기고 있다.

그런데 대마도, 즉 쓰시마에서는 조선통신사(朝鮮通信使) 행렬이 시 작되기 전에 한글 형태의 신대문자가 실제로 존재했는지에 대하여 실증물이 전혀 발견되지 않고 있다. 즉 한글인 신대문자의 도일(渡日)은 조선통신사의 행 렬과 함께 쓰시마에 그 첫발을 디뎠다고 판단된다. 샤머니즘 영향 하에서 신 대문자가 발생했을 것이란 주장은 아직까지 물증이 없으니 엄연히 1443년 조 선 세종의 한글 창제 이후의 도일로 보는 것이 합당하다. 또한 쓰시마는 일본 본토보다도 한반도에 가까우므로 1446년 한글 반포 이후 임진왜란(壬辰倭亂, 1592~1598) 전까지 글자의 형태가 알려지고도 남음을 짐작할 수 있다.

하지만 1607년 선조(宣祖) 40년에 467명의 사절단이 쓰시마에 처 음 당도한 이후에라야 조선어(朝鮮語)인 한글의 존재감을 본격적으로 실감했을 것인데, 통신사를 접대하는 쓰시마 번주의 노력이 지극하여 한 마디로 혼신의 힘을 다했으므로[6] 양국 간 통역에 초미의 관심을 기울이게 되었음이 너무나 당 연하다. 한자 필담(筆談) 중에 언어 교류도 동반되어 1702년 이후 아메노모리 호슈에 의해 한글의 보급은 성과를 이룬다.

아메노모리 호슈(雨森芳洲, 1668~1755)는 부산 왜관에 5년간 머물면 서 배웠던 한글로 일본 최초의 조선어 학습서인 '교린수지(交隣須知)'를 집필했 다. 이 책은 단순한 어학 교재가 아니라 천문, 지리, 풍물, 음식, 예절 등 60여 가지의 주제를 다루고 있는 종합 조선 학습서였다. 아메노모리 호슈는 조선통

---

6 허문명 외, 『한국의 일본, 일본의 한국』, 은행나무, 2016, pp. 303~304.

신사의 접대와 문서를 담당하는 진문역(眞文役) 자격으로 1711년과 1719년 두 차례에 걸쳐 통신사를 에도까지 안내했다.[7] 1727년 아메노모리 호슈는 쓰시마의 이즈하라(嚴原)에 한글학교인 '한어사(韓語司)'를 개설하여 한글을 가르쳤는데, 당시 조선의 양반들이 한글을 경시하여 그곳에서 한글을 배운 사람들이 오히려 조선의 선비보다 한글을 더 잘 쓰게 되었다고 한다.[8]

토쿠가와 막부 시대(1603~1867)의 국학(國學) 융성기를 모토오리 노리나가(本居宣長, 1730~1801)의 연구 활동 시기였던 18세기 중 후반으로 볼 때, 그때는 이미 조선에 대한 거의 대다수 정보가 유입된 상태여서 일본의 국학 문인(門人)들이 한글의 존재를 모를 리가 없었다. 다만 본토에서 한글을 읽을 수 있는 사람으로 꼽자면 지식층인 일부 신사(神社)의 간누시(神主), 즉 소수의 국학자(國學者)들뿐이었다.

조선통신사 행렬의 이면에서는 조선 멸시관도 생겨났는데, 막부 치하의 국학은 조선 멸시를 깔고 성장했기에, 신대문자의 탄생에는 조선의 것을 활용한 이중성이 내포되어 있다. 막부가 통신사를 조공 사절단으로 여론 조작하거나 조선인의 육식(肉食)을 부정한 시각으로 바라보기도 했고, 1764년 11차 통신사 때는 리더 최천종(崔天宗)이 쓰시마 번사인 통사(通詞)에게 살해되는 사건이 발생하기도 했다.[9] 더욱이 1811년, 에도 입성도 하지 못한 채 쓰시마에서 돌아섰던 제12차 통신사를 마지막으로 막부의 조선에 대한 관심은 끝이 난다. 반면 그동안 적체된 막부에 대한 내부의 불만은 히라타 아쓰타네가 명

7 허문명 외, 앞의 책, p. 320.
8 황백현, 『대마도 역사기행』, 글을읽다, 2017, p. 66.
9 조경달, 『근대 조선과 일본』, 최덕수 옮김, 열린책들, 2015, p. 40.

성을 떨치던 시기에 이르러 그로 하여금 쓰시마의 아히루 문자, 즉 당시의 조선 언문(諺文)으로 일본의 국체를 세우려 의도했던 허구적 기획이 가능하도록 만들었다. 통신사로 인해 쓰시마에 전해졌던 한글이 '문명 세계를 최초로 밝힌 일본의 신대(神代) 문자'라고 하는 터무니없는 발상에 걸려들어 예기치 않게 도용(盜用)된 셈이다.

　　　일본 국학의 거두(巨頭)인 모토오리 노리나가(本居宣長, 1730~1801)는 가모노 마부치(賀茂眞淵, 1697~1769)의 문하에서 수학(修學)한 경력이 있지만 히라타 아쓰타네는 그렇지 않다. 그는 모토오리 노리나가의 저서를 독학으로 깨우치며 국학에 상상적 체계를 접목시켜 나갔기에 다른 국학자들 그 누구보다 사유방식이 자유로웠다. 『고사기』의 신화가 역사로 재해석되어 국체에 대한 관념이 종교처럼 확신으로 굳어지자 마치 가문의 문장(紋章)처럼 그와 같은 상징물을 찾기에 이르렀다. 그러한 수색과 탐구의 과정 중 쓰시마에 널리 퍼져 있는 한글을 주목하게 되었고, 이것이 바로 일본 신대문자의 탄생으로 탈바꿈한다. 하지만 과거로부터 있어 온 일본 전역의 글자 형태에 대하여 정당한 수색만을 행했던 것이 아니라, 없는 것을 있었던 것처럼 새겨 넣는 조작도 감행했을 것이라고 본다.[10]

　　　히라타 아쓰타네는 조선 언문의 음운론적 완성도를 누구보다 잘 알았다고 짐작되며, 조선에서는 양반들이 한자를 중시하여 한글 관리에 소홀했거나 홀대하기조차 했으므로 도용하기에 딱 좋았다. 한글은 워낙 명확히 자모 체계(字母體系)를 논리적으로 갖춘 글자여서 자모 결합 방식의 표음문자(表音文

10　김문길, 앞의 책, p. 247.

字)로서는 일본글자 '가나'보다 정밀도가 훨씬 높았다. 이런 점에서 히라타에게 쓰시마의 한글은 더없이 좋은 국체 정립의 필수품으로 보였을 것이다.

하지만 히라타는 신대문자 창작 과정에서 결정적인 실수를 저질렀는데, 바로 '가나 50음도'의 행렬에 나란히 맞춰 한글을 배열해 놓은 점이다. 이는 조선 세종이 가져가 훈민정음(訓民正音)으로 차용(借用)했다는 논리를 엮어내기 위함이었다. 가로로 쓰는 모음을 세로쓰기로 바꾸고 일부 자음의 변형을 시도하기도 했으나 그것으로 한글이 일본 고대의 유물로 둔갑하지는 않았다. 그럼에도 히라타가 일생토록 설파했던 일본 제일주의와 신도(神道) 천황주의는 나날이 더해가는 조선 멸시 풍조에 힘입어 정한론(征韓論)을 다지며 제국주의의 날개로 상승한다.

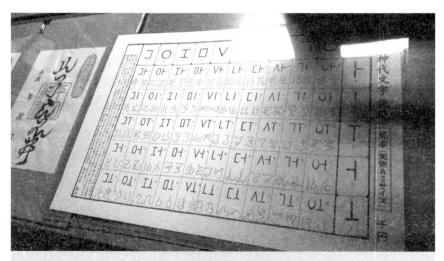

도쿄 요요기의 히라타 신사에서 모시는 신대문자. 수험생들의 '합격기원'에 효험이 있다고 홍보했다.

3. 존황운동(尊皇運動)의 상징물

위 사진은 일본 도쿄 요요기 메이지 신궁 인근에 자리하고 있는 히라타 신사(平田神社)에서 찍은 것이다. 히라타 신사의 입구에는 '합격기원(合格祈願)'이란 푯말이 붙어 있어 한눈에 이곳이 수험생들의 소원을 들어주는 신사임을 알 수 있다. 히라타 아쓰타네가 오늘날 학문의 신으로 추앙받고 있는 현장이다. 도리이(鳥居)를 들어서면 오른편 접수처에서 위 사진에서 보는 신대문자 편람(便覽)과 정면으로 마주친다. 천엔(千円)에 판매를 하는 것으로 보아 일종의 부적 대역을 하는 셈이다. 즉 '(한국의) 한글을 소지하고 있으면 (일본의) 시험에 합격한다'는 상당히 의아한 믿음의 판매소이다.

이 신사에서는 히라타 아쓰타네가 '국학 사대인(國學 四大人)' 중의 한 사람이라는 점을 강조하며 '메이지 유신의 지도 원리'에 초석을 닦은 위인으로 높이 받든다. 현대 일본의 관문인 메이지 시대를 연 정신적인 자양분을 제공한 인물이라는 찬양인데, 하필 가장 전면에 내세우는 업적물이 바로 쓰시마에서 가져왔다는 한글 형태 신대문자인 것이다. 그러니까 이 한글은 '국학 존황주의(國學 尊皇主義)'의 깃발 같은 표상인 셈이다.

막말(幕末) 막번 체제의 동요와 서양세력에 대한 위기의식은 새로운 국가체제의 모색을 강요하게 되었다. 직면한 위기를 극복하고 번(藩)을 초월하여 '일본'이란 하나의 국가를 수립하려 할 때 그 기둥이 되어야 할 존재로서 '천황' 이외의 선택지는 없었다. 일본이 신국(神國)인 것을 보장하고 현실의 정치 권력을 정당화할 수 있는 고차원적인 권위는 고대 이래의 전통을 가진 '신의 자손'으로서의 '천황' 밖에 없었다.[11] 천황을 정치 전면에 포진시킨 메이지(明治) 정부는 그들이 지향한 국권주의의 첫 구체적 실천의 표현을 정한론(征韓論)으로 삼았고, 이후 대륙정책으로 나아가는 이론과 실천이 모두 정한론의 동기 속에 구비되어 있었다.[12]

시대의 대세로 자리 잡게 된 막말 정한사상(征韓思想)은 조선 멸시관을 전제로 18세기 말부터 이미 국학의 자국주의 영향 하에 형성되어 있었으므로, 국학과 천황과 정한은 강력하게 결속된 국학의 사상체계이다. 하야시 시헤이(林子平, 1738~1793)는 조선을 일본의 복속국으로 간주했고 사토 노부히로(佐藤信淵, 1769~1850)는 조선 침략의 당위성을 노골적으로 드러내었다. 사토의 '대륙 팽창론'은 하시모토 사나이(橋本左內, 1834~1859)와 요시다 쇼인(吉田松陰, 1830~1859)에게로 계승되었다.[13] 메이지(明治) 정부의 정한론을 주도한 사상은 바로 이 요시다 쇼인에게서 비롯되었다. 그에게서 향후 막말 정국 판세를 뒤집는 실천주의 정한론이 주창되어 국학의 신도 천황주의를 계승한다.

요시다 쇼인은 행동하지 않는 지식인을 경멸했고 천황을 중심으로 뭉쳐 새로운 일본을 세워야 한다고 마치 동 터기 직전의 칠흑 같은 막부 치하에서 혁명을 주창했다. 그의 사숙(私塾)인 '쇼카손주쿠(松下村塾)'에는 그의 모든 교육 내용을 요약할 수 있는 두 가지 항목이 있었다. 첫째, 뜻을 세워라(立志). 둘째, 목숨을 던질 각오로 지성(至誠)으로 실천하라.[14] 2015년 세계문화유산으

---

11 사토 히로오, 『신국일본』, 성해준 옮김, 논형, 2014. p. 218.

12 스즈키 마사유키, 『근대 일본의 천황제』, 류교열 옮김, 이산, 1998. p. 206.

13 조경달, 앞의 책, p.42.

14 김세진, 『요시다 쇼인 시대를 반역하다』, 호밀밭, 2018. p. 120.

로 등재된 松下村塾은 일본 역사상 가장 성공한 학교로 주목받는다. 유신 3걸 (維新 3傑) 중의 한 명인 기도 다카요시(木戶孝允, 1833~1877) 및 메이지(明治) 신 내각정부(新 內閣政府) 초대 총리를 역임한 이토 히로부미(伊藤博文, 1841~1909) 를 비롯하여 2명의 총리, 4명의 장관, 그리고 많은 우국지사들이 배출되어 메 이지 유신 이후 일본의 근대화에 크게 기여했기 때문이다.[15]

　　요시다 쇼인은 학문의 폭이 넓어 성리학과 병학(兵學), 난학(蘭學)에 이르기까지 관심이 미치지 않은 분야가 없으나, 세상을 바꾼 가장 핵심 사상은 국학의 정한론에 있다. 히라타 아쓰타네가 신대문자를 깃발처럼 내걸고 간절 히 염원했던 세상이 요시다 쇼인이란 탁월한 사상가를 만나 놀라운 열매를 맺 기에 이르렀다.

4. 허황된 꿈이 실현되다니

　　일본의 자국 우월주의는 어디에서 비롯되었을까? 역사를 거슬러 올 라가면 그때마다 스스로의 우월함을 끌어내어 눈앞의 현실을 극복하려는 의지 가 곳곳에 도사린다. 특히 한국과의 비교 우위 심리는 사사건건 도드라져 지나 칠 정도이다. 한류(韓流)와 혐한(嫌韓)이 교차 공존하는 오늘날이 조선통신사를 모시면서 동시에 멸시하는 마음을 키워갔던 당시와 다르지 않다. 역사는 현상 만 바뀔 뿐 본질에서는 시대가 변해도 대동소이(大同小異)하다. 일본이 한국을

15　김세진, 앞의 책, p. 125.

겨냥하는 심리의 본질을 생각하게 한다.

　　히라타 아쓰타네의 신대문자 사상은 세계로 뻗어 나간 서구 제국주의로 인해 촉발된 '제국주의 모방 형태의 사상'으로 보인다. 우수한 서구 과학 문명의 공세를 받으며 발생한 열등감과 위기감과 위축감이 서구와 같은 방식으로 공세를 펼쳐갈 대상을 즉시 포착하여 그와 같은 나쁜 기분을 해소할 수 있도록 자극한 것이다. 해소와 더불어 공격자를 재공격할 수 있는 근성을 여실히 드러내어 세계 어느 나라보다 더 우수하고 위대한 일본을 내세우고 싶었던 것이다. 우월한 자에게 일시적으로는 고개를 숙일 수 있으나 조만간 반드시 역전된 상황을 만들 것이라는 와신상담(臥薪嘗膽)의 숨은 기질이 거침없이 드러난 역사적인 실증 사례가 바로 이 '신대문자 조작 사건'이라 할 수 있다.

　　세계정세의 극복 의지를 자국 우월주의로 전환, 오히려 그 내면에는 두려울 정도로 극심한 열등감이 자리하고 있으나 결국 그 특유의 반작용적 우월함을 표출해 내는 일본. 언제나 그 곁에는 비교 대상으로서의 우리 한국이 있다. 서구의 팽창을 그대로 일본의 팽창으로 연결하여 영국과 인도와의 관계를 일본과 조선의 관계로 치환 응용하고, 더 나아가 대동아공영권(大東亞共榮圈)으로 치달은 일본 제국주의 시대는 꿈의 성취와 다름없다. 신대문자라는 조작으로 꾸었던 한 줌의 터무니 없던 꿈이 믿을 수 없는 제국 일본의 현실로 실현된 것이다.

참고문헌

김문길, 『한일관계사』, PUFS, 2004
김세진, 『요시다 쇼인 시대를 반역하다』, 호밀밭, 2018
김후련, 『일본 신화와 천황제 이데올로기』, 책세상, 2012
박규태, 『신도와 일본인』, 이학사, 2017
조경달, 『근대 조선과 일본』, 최덕수 옮김, 열린책들, 2015
황백현, 『대마도 역사기행』, 글을읽다, 2017
허문명 외, 『한국의 일본, 일본의 한국』, 은행나무, 2016
金文吉, 『壇君の加臨土文字と日本の神代文字』, 書出版 チェクサラン, 2015
사토 히로오, 『신국일본』, 성해준 옮김, 논형, 2014
스즈키 마사유키, 『근대 일본의 천황제』, 류교열 옮김, 이산, 1998